かかわる人を幸せにするお掃除会社

働く人が安心できるドリームカンパニー！

中澤清一

本気のクレーム対応と魔法のホウ・レン・ソウ

株式会社きんざい

かかわる人を幸せにするお掃除会社

本気のクレーム対応と魔法のホウ・レン・ソウ

はじめに

「お話があります」

私は、この言葉を聞くといまでもドキッとします。「またか」と思うからです。かつて、四国管財は社員さんが一人、二人と辞めていく会社でした。しかし、先般は「入籍しました」というられしい知らせでした。「一番に伝えたかった」と言ってくれました。このような時はご祝儀を少し多めにはずみました。

私が社長になりたいと思ったのは小学3年生の時です。父の後ろ姿を見て、そう決めました。父は、社員さんを集めて大宴会をすることがよくありました。その席では、社員さんに何度も頭を下げて、社員さんをとても大事にしていました。

当時、家には電話機が2台あり、父はいろいろな人たちからの相談に乗っていました。ニコニコ笑いながら「よっしゃ、よっしゃ、任せとけ」と、人の困り事に対応している父の姿を見て、「社長ってこんなこともできるんだ」と思いました。その時の父は、決して偉そうではなく、腰が低かったことが印象に残っています。そんな父の姿がカッコよくて、自分も社長になろうと思ったのです。

その父は、私が中学2年生の時、突然、スキルス胃がんで入院し、わずか一カ月ほどで亡くなってしまいました。葬儀の後、父の親友でのちに衆議院議員になられる山岡謙蔵先生が、心配して母に「社長になりますか？」と尋ねたところ、母は「私がやります」と即答し、みんなをビックリさせました。母は、生前、父から「自分に万一のときは、会社と子どもたちを守ってほしい」と頼まれていたのです。

しかし、母には障がいがありました。40歳の時（私が小学1年生）、患っていた股関節が悪化して、つえなしでは生活できません。それでも、私が四国管財に入るまで、母はがんばって会社を支えてくれました。「母を楽にしてあげたい」という思いもあって、一日も早く四国管財で働きたいと思いました。

ところが、入社当時の会社は、幼い頃から思い描いてきた会社ではありませんでした。ほとんどの社員さんたちは、仕事に誇りを持っておらず、会社に対しても人に言えないような恥ずかしい会社だと思っていました。

悔しくて、「絶対にいい会社にしてみせる！」と自分に誓いました。そこから、いい会社を追求していきました。いい会社があるといううわさを聞けば、どこへでも出向き、話を聞いて、マネをし続けました。「マネするにもほどがある」と叱られた会社もあるくらいです。

やがて、大きな失敗をしました。成果主義を導入して、厳しく社員さんを管理したのですが、他社をマネしただけの未熟な人事制度だったため、すぐに社内は殺伐とし、どんどん社員さんが去っていったのです。

そんなある日、トヨタビスタ高知（現ネッツトヨタ南国）の当時社長だった横田英毅さんとの出会いがあり、一番大切なことは何かを教えていただきました。日本経営品質賞を目指すきっかけにもなりました。そして、いい会社の概念がガラッと変わりました。

もう一人、大きな出会いがありました。アントレプレナーセンターの福島正伸社長です。福島先生からは、感動の経営手法とすべては自分の責任であるという「自己責任（自立型）の姿勢」を教えていただきました。

多くの人に教えられ、ようやく私は「いい会社とは、社員さんが安心して働ける会社である」という考えにたどりつくことができました。社員さんが安心して、いきいき仕事ができれば、それが社員さんの幸せとなり、お客さまの幸せにもなり、ひいては会社の発展につながることがわかったのです。

いま、四国管財は「一番大切な事は、一番大切な事を、一番大切にする会社」に育ちました。この言葉も、横田英毅さんから教えていただいた言葉です。この言葉は、横田さんが『7つの習慣』の著者スティーブン・R・コヴィーの「いちばん大切なことは、いちばん大切なことを大切にすることである」という言葉に感銘を受けて、話してくれたものです。

四国管財は、社長を退くまでの約20年間、一切といってもいいくらい新規の営業活動をしていませんでした。ほとんど、お客さまからの紹介、リピート、当社のうわさを聞いてお客さまになってくださった人たち、だけで発展してきました。

本書では、四国管財の最大の強みであり、独自能力ともいえる「クレーム対応」と「報告・連絡・相談」の仕組みをご説明するとともに、どうして「クレーム対応」と「報告・連絡・相談」で、社員さんの安心と顧客満足を得られたのかをお話しいたします。

本書に書かれていることは、私が社長を卒業した２０１９年5月30日までの活動記録です。膨大な試行錯誤の歴史です。現在は、新体制でますますバージョンアップしています。

高知県の小さな清掃会社でもできたことです。勉強もできない、出来の悪い二代目経営者の私でもできたことです。どんな会社でも必ずできます。

本書を通じて、かかわるすべての人を幸せにする経営が、日本中に広がっていくことを願ってやみません。

２０２１年7月　中澤清一

会社概要

会社名　　四国管財株式会社

資本金　　1,000万円

従業員数　600名（パートタイマー含む）

所在地　　高知県高知市南はりまや町2丁目4番15号

ホームページ　http://www.shikokukanzai.co.jp

（沿革）

1962年6月　高知ビルメイキャップセンター設立

1971年12月　経営権を中澤清麿氏に移転

1973年4月　会社名を「四国管財」に変更

2019年5月　東京美装興業株式会社と資本業務提携

2020年3月　東京美装グループとなる

（事業）

■ビル総合管理部門

清掃管理業務、設備管理業務、施設警備業務、駐車場管理業務、建築物環境衛生管理業務、エアコン洗浄業務、貯水槽清掃業務、浄化槽維持管理業務、産業廃棄物収集運搬業務、ハト対策業務

■病院サポート部門

メディカルクラーク業務、アテンダント業務、受付業務、ポータ業務、院内託児所業務、売店業務、洗濯業務

■その他サービス

ファシリテイマネジメント業務、プロパティマネジメント業務、マンション管理業務、指定管理者業務、スクールサポーター業務、寮管理業務

目次

第二章 クレームは宝の山……095

第一章

人に社名を言えない会社

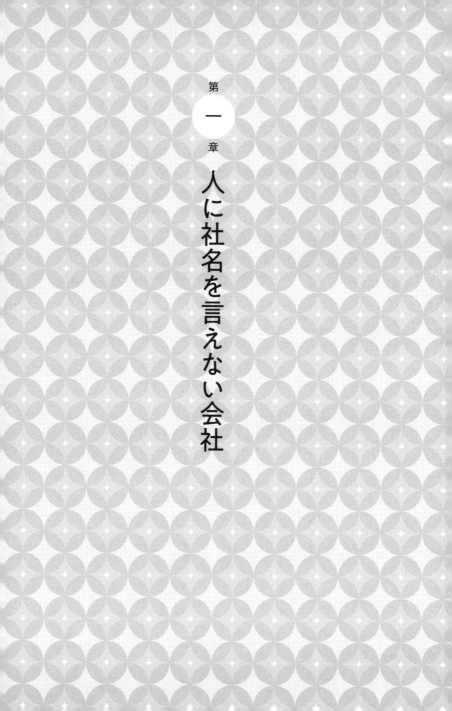

1節 絶対いい会社にする

(1) 最初で最後の号泣

忘れられない社員さんがいます。私と同じ年に入社した柿本幸子さんです。少しおっとりした人で、当初は大丈夫かなと心配しました。

いつも笑顔で、「この仕事をがんばりたい」と言っていました。とても熱心で、「モップがけや水切りがうまくできないから、道具を貸してください」と言われたことを覚えています。彼女はバス通勤でしたが、道具一式を持ってバスに乗って行きました。家で練習するためです。

彼女は、5年間本社勤務の後、病院の現場へ配属されました。その現場は、仕事も人間関係も難しく、人がなかなか定着しない現場でした。お客さまからは、「いい人を配属してほしい」と要望されており、彼女に白羽の矢が立ちました。

彼女は決して要領がいい方ではありませんが、なんといっても人柄がいいので、すぐに病院の人たち全員から慕われました。

問題が一つだけありました。それは仕事をし過ぎることです。契約範囲に入っていない、敷地内の草むしりなど、気になったことはこっそり早出してまでやっていました。私たちは、何度も「時間外に働いたらダメだよ」と注意しました。

われわれが巡回に行くと、彼女はよく物陰に隠れました。勝手に仕事をしているところを見つかると叱られるからです。彼女は、病院の人たちに喜んでもらうことしか考えていませんでした。

そんな彼女が四国管財を退職する日がきました。その日は、院長先生がみんなを会議室に集めました。そこには、院長、ドクター、看護婦長、看護師、理学療法士、作業療法士、事務員など40名くらいが集まっていました。そして、温かな拍手のなか、柿本さんの手に大きな花束が贈られたのです。

後日、彼女は退職後の手続きに来社し、その際、私にあいさつをしてくれました。

「社長さん、いままで本当にありがとうございました。温かい会社で働けて幸せでした。みんなの生活は社長さんの双肩にかかっています。身体を大切にしてがんばってください」

ちょうど経営が大変な時で、心が折れそうになっていました。私は号泣してしまい、言葉にできず、「ありがとう、がんばるよ」とだけ言いました。

彼女は、この会社を心から愛してくれていました。折に触れて手紙をよくもらいましたが、いつも感謝の言葉がびっしり書かれていました。当社には、こんなにもがんばってくれる社員さんがいると思うと、胸がいっぱいになりました。

(2) 人に社名を言えない会社

私は、清掃という仕事が大好きでした。汚れた窓ガラスの掃除も、トイレ掃除も、まったく苦になりません。むしろ、施設をきれいにすることで、オーナーや利用する人たちを笑顔にできるこの仕事を誇らしく思いました。

しかし、清掃業という仕事は、世間から低く見られており、仕事や会社に誇りを持っている人はほとんどいませんでした。柿本さんのような社員さんは、ごくわずかだったのです。

当時、一部の先輩たちはモラルが低く、あいさつはしないし、無精ひげで、身なりもだらしなく、くわえタバコで仕事をする人すらいました。社有車も傷と泥でボロボロでした。先輩たちは、私に「こんな仕事は、人に言えない」「若いもんがする仕事じゃない」と言いました。

当時は、行くところが他にないからきているような人たちが多くいました。

たしかに、清掃業は若者に不人気の業種でした。恐る恐る新卒者説明会に参加しても、誰も当社のブースに来てくれることはありません。それでも、奇跡的に内定を出せた時もありました。すると、母親から怒りの電話がかかってきました。

「何を考えているんですか？　いったい娘になんて言って、そそのかしたんですか！　すぐ内定を取り消してください」

「ごめんなさい」「ごめんなさい」「すぐ取り消します」

おわびするのがやっとでした。パートとして主婦の人を採用しても、後日、「家族から掃除の仕事だけはやめてくれと言われたので」と、辞退する人が多くいました。

入社して2年目の時、大きなショックを受ける出来事がありました。社員さんの結婚披露宴に呼ばれたのですが、新婦の勤務先について、仲人さんから「現在○○病院に勤務なさっており――」と紹介されたのです。清掃会社に勤めていることを隠したのです。「そんなにうちの会社で働いていることは恥ずかしいことなのか?」。がくぜんとしました。このようなことは、披露宴に呼ばれるたび繰り返されました。

その翌年、追い打ちをかけるようなことがありました。大阪の同業者の先輩が、当社のリーダークラスを集めた社員研修に講師として来てくれた時のことです。講師が勤続10年以上のリーダー格の社員さんたちに、「どんな仕事をしているか、家族に何と話していますか?」と尋ねたところ、誰一人、四国管財で働いていることや、清掃会社の仕事をしていることを話していないことがわかりました。子どもに言えない仕事だったのです。衝撃でした。

当時は、同窓会などで仲間と会うと、「年を取ったら採用してくれ」「会社がつぶれたら採用してくれ」「足腰が立たなくなったら採用してくれ」などと言われたものです。これは採用してほしいから言っているのではなく、清掃の仕事を正々堂々とバカにして言っていたのです。「いまに見ていろ!」。メラメラ闘志が湧くと共に、自分のやるべきことがハッキリと見えました。それは、こんな会社にすることでした。

「社員さんが、自分の子どもに自慢できる会社にする」
「いい会社だね、と陰で褒められる会社にする」
「居酒屋さんで、友人に自分の会社の自慢を鼻の穴を広げて言える会社にする」
「結婚相手の親が、会社名を聞いて、「あそこに勤めているなら間違いない」と言ってくれる会社にする」
「社員さんが家を買う際、住宅ローンの審査が通りやすい会社にする」

会社のあるべき姿

・夢が実現できる会社
・お客さまに尊敬される会社
・地元で働いていて胸を張れる会社
・異業種から尊敬される会社
・同業者に気を遣わなくてよい会社

・他社がまねのできない技術を持った会社
・お客さまを選べる会社
・優しさのなかに厳しさがある会社
・入社するのが難しい会社
・老後を安心できる会社
・社長や上司と気軽に話せる会社
・他人を元気にできる会社
・家族が安心できる会社
・家族や知人に勧めたくなる会社
・やる気のある障がいを持った方が違和感なく働ける会社
・社員さんが持ち家を持てる会社
・定年後でも働ける会社
・退職後もかかわれる会社
・死ぬ時この会社に勤めて良かったと思われる会社

コラム

父の背中

父の学歴は尋常小学二年生で終わっています。人柄と誠意だけでやってきた人で、地元の名士の方にかわいがってもらい、口コミで人を紹介していただき、仕事を増やしていきました。

父は、とにもかくにも人を大切にする人で、部下などと飲み屋に行った時も、威張ることは一切なく、お運びの人に対しても敬っていました。そういう姿を幼い頃からずっと見てきました。

父は、接待の席にも家族を連れて行きました。家族ぐるみの付き合いが好きな人だったのです。そのため、お客さまの息子さんと私が友だちになることもありました。

西武百貨店が東京から高知へ進出した時、東京から人がたくさんきました。父は浜辺育ちだったこともあり、地引き網でもてなし、みんな大喜びでした。

アユ捕りに行ったこともあります。捕ったアユを炉端焼きのように河原であぶって食べてもらいました。計算でしていたわけではありません。純粋に人が好きで、人を大切にする人でした。

かなり苦労してきたため、43歳の時には60歳ぐらいに見えたくらい老けていました。NHK朝の連続テレビ小説「ゲゲゲの女房」をうちの母が見た時、「あんなもん、なんでもない、うちはもっとひどかった」と言ったことを覚えています。まさに、〝赤貧を洗うが如し〟の生活でした。

黒電話しかない時代、うちの家には電話が2

回線ありました。いろいろな人が父に相談の電話をかけてくるからです。こちらから発信するための電話と、受信するための電話が必要なくらいでした。父は電話でいつも「わはは」と笑っていました。よくみんなから「笑って、すべて解決したね」と言われたくらいです。人から相談されると「よっしゃ、よっしゃ、任せとけ」と言っていたのを覚えています。

父は大変厳しかったので、電話が鳴ると家中がシーンとなり、私は、急いでテレビのボリュームをゼロにしました。電話の出方も教えられ、小学生のときから電話応対のレベルはかなりのものだったと自負しています。お客さまの履物をそろえるのも私の役目で、厳しくしつけられました。

ちなみに、私の「清一」という名前は、お世話になっている銀行の方に命名してもらったそうです。私は、この名前が大好きです。「清掃で世界一」ですから。父は超貧乏な農家の四男坊なのに名前は「清麿《きよまろ》」といいます。たぶんその「清」の字をとったのでしょう。

「人のせいにしない」「自己責任」という姿勢は、父の影響かもしれません。なぜなら、いつも父の周りには人が集まっていたからです。人のせいにする人は、頼りにされませんし、人が集まってくるはずありません。

父は、社員さんとも家族ぐるみのお付き合いをしていました。社員さんの子どもたちとは、よくご飯を食べました。家族でうちに泊まることも珍しくなく、家には布団がたくさんありました。正月には、40～50人も来客がありました。自宅には飲み屋にある電気式酒燗器の十升入るものがあり、常時お酒が入っていました。父のお酒は、陽気で楽しいお酒でした。普段はとても怖くて、父との会話は敬語でしたが、お酒を飲んでいる父は、ニコニコしていてすごく好きでした。

ただ、人はわからないもので、父が亡くなった翌年のお正月は、親戚のおじさん一人と当時の常務しか来ませんでした。山ほどあったお中元・お歳暮も、一切なくなりました。「あ、世の中こんなもんなんだ」と思ったものです。だからこそ、私は、お客さまが退職しても、「もういいよ」と言われるまで季節の贈り物を出すようにしていました。感謝の「思い」は大事にしたいですね。

父、母、姉と著者

2節　いい会社を勘違い

(1) 勘違い――技術を高める

いい会社にするための改革を始めました。入社5年目でした。肩書と権限が必要だと思い、専務に権限を与えてほしいと直訴して、業務統括主任にしてもらいました。

最初は、取引先メーカーに聞いたり、業界紙を読みあさったりして、どうやって他社と差別化して、いい会社にするかを思案していました。

最初に着手したことは、技術力の引き上げでした。当社は、伝統的にきれいな現場を極めようとしてきたこともあって、いっそうマニアックに技術の向上に力を入れました。ここでいう技術力とは、社員さんの技能を高め、いい資材を使いこなし、きれいな状態を維持する現場管理力をいいます。

まずはワックスメーカーに聞きに行きました。どうやったらワックスが長もちするのかを知りたかったのです。清掃会社で一番大変なのは、長年重ね塗りしたワックスを剝ぐ作業です。労災のリスクがあったり、時間もかかったり、床材を傷めるリスクもあったりするからです。剝離作業といいますが、私は、いかに剝離作業をすることなく、ピカピカの状態を長持ちさせるかが清掃のプロだと思っていました。

そこで、ワックスを長期間きれいに維持管理している会社はないか、メーカーに聞いたり、業界紙で探したりして、技術の匠（たくみ）に会いに行きました。NHK「プロフェッショナル仕事の流儀」で有名になった新津春子さんの師匠、故・鈴木優さんにも教えを乞いに行きました。こうして、ひたすら人のマネをして清掃技術を高めていきました。

ところが、いくら清掃技術を高めても、コネで仕事を取られたり、入札価格の差だけで他社に取られたりしました。また、折しもバブル景気がはじけ、全国チェーンのお客さまは、全国一律、20％値下げを要求してきました。どんなに清掃の技術を高めて現場をきれいにしても、20％値下げを求められたのです。現場をいくらきれいにしても、そんなのは当たり前だと思われたのです。技術は付加価値にはならず、差別化にもならないことを知りました。

技術以外と価格以外の部分で勝負している会社をマネしなければ将来はないと思いました。どうしたら差別化できるのか悩みました。しかし、知っている同業者は、技術的な勉強しかしていませんでした。

そのような折り、神戸にある同業者の石原アメニテックの石原社長から「同業者だけどユニークな経営をしている会社があるので紹介するよ」と言われました。山口県徳山市にあるサマンサジャパンでした。しばらくして、業界紙にサマンサジャパンの記事が掲載されました。それを見て、いてもたってもいられなくなり、自分で直接アポイントを取って社長に会いに行くことにしました。

社長は異業種から学んでいる方で、ハー・ストーリィという女性視点のマーケティングを行うコンサルティング会社を入れていました。経営理念、行動指針、リクルート対策など、どこをとっても、これまでの掃除会社とはまったく違うものでした。

しかし、当初、「同業者に会うメリットはない」と言下に断られ、まったく会ってもらえません。それでも7回くらいお願いしたら、根負けして会っていただけました。10分だけの約束でした。

いままで数百人が会社を見学に来たようですが、ゴルフやふぐ料理が目的かと思う人ばかりだったといいます。私は10分しか会ってもらえないというので、真剣にお話を伺いました。それがよかったのか、なんと2時間も説明してくださり、晩ご飯までごちそうになりました。そのうえ、翌日も現場見学をさせていただきました。

私はすっかりこの会社に心酔し、何でもかんでもマネしていきました。というのは、社長からいただいた返信の手紙に「学ぶことは、マネすることから始まる」と書いてあったからです。それを勘違いして、とことんマネしました。求人広告の図柄から、果ては社章までマネしました。数年後、人伝えに困惑されていると聞き、恐縮しています。

(2) 勘違い——成果主義への傾倒

サマンサジャパンの社長さんから聞いた話は、知り合いのビルメンテナンス会社では聞けないような話ばかりでした。「いったいこれは、どうやって考えたのですか」と尋ねたところ、異業種の経営者の勉強会に参加して、そこで習ったとのことでした。

社長からは、「あなたも異業種の勉強会に参加しなさい」と半ば強制的に参加を促されました。それは日本経営合理化協会の牟田学さんのセミナーでした。その中に、東日本ハウス（現日本ハウスＨＤ）を創業した中村功さんの話もありました。事前に、講演テープを3回聞いてから参加しなさいということだったので、テープを聞いて参加しました。この勉強会では、講演テープを３００本ぐらい購入して、いろいろな経営者について学びました。

その頃、もう一つの出会いがありました。地元の異業種の先輩から「ちょっと変わり者だが、変わり者の中澤だったら波長が合うと思うから紹介するよ」と、紹介してもらいました。その人とは、広島に拠点があるザメディアジョンの山近社長でした。採用活動のコンサルティング・アウトソーシングなどを手がけている会社です。仕事の関係で幅広い業界に接点を持っていました。

彼は、東日本ハウスの中村さんを尊敬しており、私は、すっかり彼と意気投合しました。その後、彼は東日本ハウスをはじめ、話題となっていた会社を視察するツアーを主催しました。

私は、そのツアーを通じて、抜きんでた会社と出合いますが、そのほとんどは超成果主義を導入していました。ツアーで最初に行ったのは東日本ハウスです。盛岡の本社に見学に行きました。そこで中村さんから、「うちは非エリートがエリートに勝つ経営をしているので、○流大学出しかいないが、給料はええし、負けんぞ」という話を聞きました。私も一流大学ではなかったこともあり、この話に食い付いて、いたく感動しました。このあたりから成果主義にのめり込んでいきました。いろいろな成果主義の会社を見学に行き、それをマネしてどんどん採り入れていきました。成果主義にすれば、社員さんがやる気を出して、いい会社になると思ったのです。

しかし、未熟な人間がマネしてつくる人事制度ですから、いい制度になるはずもありません。何をしたかというと、本社内をチーム制にして、それぞれの成果を半期に1回の賞与に反映させました。全額ではありませんが、ある程度を争奪しようというルールにしました。

まず、作業チームを5チームほどつくりました。リーダーは立候補制にして、投票で決めました。リーダーは好きなチーム名を付けて、部下を募り、いろいろな現場を回りました。

当社は新規営業をほとんどしていなかったため、営業ノルマではなく、清掃作業内容で評価していました。月に1回、朝6時から幹部会があり、そこで今月の成果と人事評価の発表会をしていました。発表会は、「横綱審議委員会」という名前を付けて、「横綱」「大関」などとランクづけし、「彼は1ランク上がった」とか「下がった」とか、きちんとした評価の指標がないのに、ほとんど感情的な好き嫌いでランクを上げたり下げたりしていました。

その結果、どういうことが起こったのかというと、まず、お客さま満足を実現しているとは思えないようなチームが優勝して称賛されました。

社員さんたちは幹部会で評価点が上がるように、日々の行動を変えていきました。クレームになると評価が減点されるルールにしていたので、ミスやクレームを隠すようになりました。また、敵対するチームは同僚であっても協力しませんから、職場ではおかしな対立が生まれてきました。3年ほどチーム制を続けましたが、次第に足の引っ張り合いゲームになっていきました。当然、社内はギスギスしていき、退職者をたくさん出してしまいました。

よかれと思って成果主義を導入したのですが、未熟な成果主義はうまくいきません。「何とかしなければいけない」。ますます悩みは深くなっていきました。

3節 社員満足の追求

(1) 社員を大事にする経営

1998年、「土佐経済同友会」が立ち上がりました。私は、人材育成に興味がありましたので、「土佐経済同友会」の「人づくり委員会」に入会しました。その時の委員長はとても変わった人でした。トヨタビスタ高知（現ネッツトヨタ南国）の当時社長だった横田英毅さんです。

つなぎ服で来たり、大先輩なのに対等に話してくれたりしました。私のような若造のたわ言にも耳を傾けて、質問攻めにしてくれる心地いい大人でした。

私は、この「人づくり委員会」で、社員さんを大事にし、社員さんを育てる経営を学んでいきます。大事に育てられた社員さんは、必ずお客さまを大事にし、それがCS（顧客満足）につながり、結果、差別化にもなることを知りました。「いい会社」の姿がおぼろげに見えてきました。

(2) お客さまが望むこと

翌年、高知県内の同業社組合が、組合所属企業のお客さま500先に、顧客アンケートを実施しました。その中に、とても興味深い質問がありました。「ビルメンテナンスに一番望むものは？」という質問です。

その回答は、「掃除をもっときれいにしてほしい」とか「仕事を速くしてほしい」といった掃除の出来栄えや、スタッフの技能に関するものではなく、実に8割以上は「笑顔で仕事をしてほしい」というものでした。衝撃でした。お客さまは掃除についてではなく、スタッフの笑顔やあいさつといった応対の改善を望んでいたのです。

私は、いままで、「いい会社」にするために、ワックスの品質向上や社員さんの技能向上に取り組んでいましたが、それは当たり前であってお客さまが一番望んでいることではなかったのです。清掃事業はサービス業です。「社員さん一人ひとりが商品の〝品質〟そのものであり、社員さんの人としての〝品質〟を高めることこそが、差別化につながるのではないか」と考えました。しかし、まだ、どうすれば社員さんの〝品質〟を高められるのか、わかりませんでした。

(3) 社員さんは第三のお客さま

同じ年、名古屋で報告・連絡・相談（ホウ・レン・ソウ）のコンサルタントをしている滝澤さんと出会い、「武蔵野」の小山昇社長の話をお聞きしました。小山さんはボイスメールのシステムを紹介しており、当時、これは便利だと思って当社も導入しました。

小山さんは、ボイスメールを使っていろいろな情報を発信してくれました。その一つが、武蔵野が「日本経営品質賞」を受賞したことでした。「日本経営品質賞」とは、日本企業の競争力を顧客価値という視点から見直すことで回復させるために1995年に設立されたもので、アメリカのマルコム・ボルドリッジ賞を参考にしています。マルコム・ボルドリッジ賞は、私があこがれていたザ・リッツ・カールトンやサウスウエスト航空が受賞しているということを聞いて、「ああ、これだ！」「これでザ・リッツ・カールトンと肩を並べられる！」と思い込んでしまいました。

「日本経営品質賞」は、顧客の視点から経営全体を見直し、自己革新を通じて新しい価値を創出し続ける「卓越した経営の仕組み」を有する企業に授与されます。経営品質の目指す姿は、顧客をはじめ、従業員、社会などの関係者にとっての価値を創造し続ける「卓越した経営」です。

経営品質を勉強していくなかで「ES」（従業員満足）という言葉にふれました。その頃から「CS」とか「ES」を勉強していきました。これまでも「社員さんを大事にしよう」とか「社員さんに喜んでもらおう」という思いはありましたが、「ES」という概念はありませんでした。そういう概念に基づいて会社を経営することがあることを学びました。

私の頭のなかで、経営品質の考え方と、同業社組合のアンケートでお客さまが望んだことがつながりました。

経営品質の向上においては、「顧客・市場を理解する」ことが求められており、「顧客は誰か」を明確にする必要がありますが、当社は三つのお客さまを定義しました。一つ目は「価格以外で評価していただき、当社に仕事を頼みたい」というお客さま、二つ目がエリアを限定して「本社から2時間半以内の距離」にいるお客さま。三つ目は「社員さん」です。社員さんも、当社のお客さまであると定義しました。

経営品質のいう「卓越した経営」とは、まさに私がおぼろげに追い求めてきた「いい会社」でした。「日本経営品質賞」を受賞すれば差別化ができると考え、取組みを進めていきました。それとともに、「顧客本位」「独自能力」「社員重視」「社会との調和」を基本理念にした経営を始めました。

(4) 感動で経営する

この年は、私にとって運命的な出会いが続きました。それは名古屋の「羽根田商会」という、主に自動車の部品を製作している会社の佐藤社長とお会いした時のことです。この社長さんもホウ・レン・ソウを勉強している方で、ボイスメールの件でつながりがありました。すっかり仲良くなり、「明日の社員研修もどうぞ」と言われ、参加させてもらうことになりました。

この日、招聘《しょうへい》された講師は、起業家コンサルタントの福島正伸先生でした。研修では、既成概念を全部ぶち壊すような会社経営のやり方を話されていました。「ああ、私がやりたかったのはこれだ！」と、完全にスイッチが入りました。

福島先生の講演は私の人生を変えてくれました。福島先生は、実際にあった話を基に、いままで聞いたことがない話をされました。

「どんな問題が起こっても、プラス受信でとらえれば、問題はピンチではなくチャンスとなり、自分が活躍できる出番を見つけることができる」

「うまくいかないのは、いままでのやり方にこだわっているからだ。やり方は100万通りある。諦めない限り成功しかない」

極めつけは大阪の「小松屋」という酒屋さんの話でした。お父さんの酒屋が一度つぶれそうになって、それを立て直そうとがんばった社長の話です。当時は、全然人気がなく、お客さまに喜んでもらうためにいろいろなことをしていました。

最初は、一番利益の少ないビールの卸から始まりました。社長は、ビールを卸に行った際、ビール・サーバーをきれいにしたり、納品するときに全部同じ位置にビールのラベルを並べ直したりしました。スーパーマーケットなどで店主とお会いした際は、店主の荷物を持って「店へ持って行きましょうか」などと、酒の販売とは直接関係のないことも喜んでしていました。

この青年は、やがてアサヒビールの社長（当時）樋口廣太郎さんから一目置かれる経営者に成長します。

小松屋さんの話は衝撃的で、全身に震えがきました。

「お客さまを感動させる酒屋があるんだ」

「感動で天下をとれる！」

「感動で会社経営ができる！」

福島先生は、一般的な数字管理といった話は一切せず、夢とか、感動とか、そういう話ばかりされていました。「経営の話なのに、こんなにおもしろくていいのか」「こんなに心がワクワクしていいのか」と思いました。「自分がやりたかったことはこれだ！」と思いました。

これまで、会社というものは、勤務時間内は難しい顔をして、一生懸命に仕事をするものだと、どこかで思っていました。私のなかでスイッチが入りました。ここからやりたい放題をし始めます。

横田英毅さん、福島先生、経営品質の考えと出合い、「いい会社」にするためにはどうしたらいいのか、ハッキリ見えました。それは「かかわる人を幸せにする経営」です。

まず、経営理念を刷新し、社員さんの夢を支援する会社にしました。ちょうど経営品質の勉強もしていたので、クレド（信条）があったほうがいいと思い、「四国管財ベーシック」をつくりました。福島先生との出会いで、小さいときからやりたかった何かが、全部つながった感じでした。自分の原点に返れたのだと思います。


2002年の夏、横田英毅さんと二人でご飯を食べに行く機会がありました。話が盛り上がった時、私は自慢がてら「うちの会社は、「日本経営品質賞」を狙っているんですよ」と話しました。高知で「日本経営品質賞」を狙っている人なんていないだろうと思っていたのです。

ところが、横田さんは「うちも狙っているんだよ」と言うではありませんか。そればかりか、「それなら、先に受賞した会社が、取れなかった会社を全面的に応援するようにしませんか」と提案されました。その時は、自分が先に受賞するつもりでいましたから、「ああ、いいですよ」「いつでも胸貸しますよ」と、先輩に対して恐ろしいことを言ってしまいました。結果、その年、横田さんのトヨタビスタ高知が見事に日本経営品質賞を受賞しました。

コラム

仕事は厳しいものだと思い込んでいた

会社で仕事をしている時の父の姿を一度だけ見たことがあります。会議をしている時でしたが、怒っているのかと思うくらい、気合が入った話し方をしていました。幹部には相当厳しかったようです。

父の影響もあって、仕事というものは厳しいもので、眉間にしわを寄せて、無駄口をたたかずに、一心不乱にがんばるものだと思っていました。

私は、本来、お笑い系の性格です。小学生の頃、クラスで2人ぐらい面白い子がいたと思いますが、私はそういうタイプでした。しかし、会社では厳しくしないといけないと思い込んでいましたから、周りの人も息が詰まるくらい静かにしていました。

その分、勤務時間外は羽目を外していました。自分自身も、耐えられなかったのでしょう。耳の痛いことを言ってくれるお客さまからは、「中澤君、この楽しさが昼間にも出たらいいんだがな」と言われたくらいです。しかし、「いやいや、気を抜いてはダメですから。この会社を守らないといけないですから」と一人気負っていました。振り返ってみれば、能力のない人間が、無理して厳しい上司を演じていたのだと思います。

しかし、無理してやっていることは、うまくいきません。行き詰まっていた時、福島先生と出会い、「仕事は楽しくしてもいい」ことに気づかせていただきました。自分でかけた呪縛を解いてもらったのです。そこから180度方向転換しました。

もちろん、「楽しく」とは雰囲気を楽しくということ意味です。雰囲気は楽しい方がうまくいきます。ですから、うちは楽しい雰囲気で厳しいことをやっている会社だと思います。ウソをついてはいけないとか、ホウ・レン・ソウをしなければいけないとか、クレームを隠してはいけないとか、ルールは厳格に守ってもらいます。

昔は、厳しい雰囲気で、厳しいことを押し付けていましたから、みんな苦痛しかありませんでした。いまは、自然と笑い声が飛び交う職場になっています。

第二章

ホウ・レン・ソウは愛

1節　ホウ・レン・ソウの原点

(1) 社員さんたちの嘆き

入社して数年後、当社は、九州の福岡市に事業展開をしたことがありました。家事代行やハウスクリーニングです。私は九州に赴任し、小さなファックスと電話で本社とやり取りをしていましたが、資材を送ってほしいと伝えても、ほとんど伝わりませんでした。Aさんに依頼したのに、Bさんは「聞いてない」と言うありさまです。まったく違う物が送られてくることもありました。これはひどいと実感しました。

当時から、いろいろと改善意見を上げていましたが、まったく上に伝わりません。言ったことに応えてくれないしんどさをイヤというほど味わいました。社長の息子でなかったら辞めていたと思います。仕方なく、専務に直談判して承認してもらうこともありましたが、それをすると、飛び越えられた上司から「俺を差し置いて」と批判されました。

こうした思いは現場の社員さんも同じでした。むしろずっと耐え続け、半ば絶望していたのだと思います。

私は、現場に行くたびに、「何かあったら何でも言ってくださいね」と言っていましたが、「言ってもムダでしょ！」と返されました。「どうしてですか？」と聞くと「だって制服が傷んだから替えてほしいと言ったのに、半年たっても音沙汰なしじゃないの！」と言われました。資材の注文、仕事の改善要求ばかりか、真剣な悩みの相談も伝わっていませんでした。悪気はないのでしょうが、情報伝達の大切さを認識していないため、聞いた人が右から左へ聞き流してしまい、きちんと連絡を上司に上げていませんでした。情報は、全部どこかで止まっていたのです。

仕方がないので、ひとり窓口になろうと思い、「全部私に言ってきてください」と言って回りました。組織としてはよくないのですが、取りあえず一人でホウ・レン・ソウを始めました。それほど、現場の人は嘆いており、会社に絶望していたのです。「身近な人たちを救いたい」という思いが、ホウ・レン・ソウを何とかしなければいけない、という強い思いになりました。

(2) ホウ・レン・ソウは愛

1999年、ホウ・レン・ソウを極めたかった時、ザメディアジョンの山近さんの紹介で、名古屋で報連相のコンサルタントをしているユマ人材企画の滝澤社長に会いました。

私たちは、すぐに意気投合しました。そして、「日本で最初にホウ・レン・ソウを仕事に活用している人がいるから、一緒に会いに行こうや」と誘われました。その人は、愛知県の知多半島にある「まるは食堂」というエビフライで有名な店にいました。創業者の「相川うめ」さんです。当時九十歳を超えていました。

私たちは、あいさつもソコソコに「なぜホウ・レン・ソウに力を入れているのですか」と尋ねました。

うめさんの家はとても貧しく、お母さんは、昼間、必死に働いていました。お母さんは、学校から帰ってきたうめさんが寂しくないように、そして心配しないように、「きょうは山におるよ」などと手紙に自分の居場所を書いておいてくれたそうです。これがホウ・レン・ソウの原点でした。

私は、うめさんに「ホウ・レン・ソウとは何ですか」と尋ねてみました。すると、うめさんは「それは愛だがやー」と即答されました。ホウ・レン・ソウは、大切な人を不安にさせないための愛だったのです。いつでも連絡がとれるようにすることは、愛なんだと知りました。うめさんの話は、雷に打たれたくらい衝撃的でした。

うめさんは、私たちに「ホウ・レン・ソウのルーツを探りに来たのはおみゃあさんたちだけだがや。おみゃあさんは、えりゃあ。大物になる」と言いました。このひと言もあって、私は、ホウ・レン・ソウにのめり込んでいきます。

(3) ホウ・レン・ソウは社員さんを安心させる仕組み

私は、二代目社長ですが、現場作業から始めて、ほぼ全部の現場を経験しました。その当時は、耳にタコができるくらい、上司から「ホウ・レン・ソウしろ」「ホウ・レン・ソウしろ」と言われ続けました。

そうは言うものの、会社にとって都合が悪い情報を上げると、上司は機嫌が悪くなりました。夜、自宅にホウ・レン・ソウの電話をすることもありましたが、とても機嫌が悪い人もおり、「そんなのは自分で考えろ」と言われました。しかし、別の日に同じような内容をホウ・レン・ソウしないと、「なぜ言わなかった」と言われました。聞く人の体調や気分によって、同じ内容でも言うことが変わるのです。ホウ・レン・ソウは、しても、しなくても叱られました。ホウ・レン・ソウは、しても幸せな気持ちになれませんでした。

一般的に、会社では、ホウ・レン・ソウを本来の使い方をせず、人を管理する手段として使います。ですから、「聞いてない」とか「聞いてないからダメだ」などと部下を責めるときにホウ・レン・ソウを持ち出します。会社を守るためや、上司が自分を守るために、ホウ・レン・ソウという都合のいい言葉を使って、部下に脅しをかけているのです。

では、脅された側はどうするかというと、仕方なく、最小限の情報しか上げなかったり、自分にとって都合の悪いことは上げなかったりするようになります。私は、ホウ・レン・ソウで脅される側にいましたので、その気持ちがよくわかります。もっとも、上司になったら私も同じようなことをたくさんしてしまいました。

相川うめさんは、「ホウ・レン・ソウは愛だ」と言いました。原点は親子の愛でしたが、会社も同じだと思います。本来、ホウ・レン・ソウは、情報を上げる人を安心させるための仕組みなのです。

いま、当社では、ホウ・レン・ソウをしないと叱られますが、ホウ・レン・ソウをすれば褒められます。ホウ・レン・ソウをして叱られることは絶対にありません。根底には、後述する「ミスやクレームの原因はすべて会社にある」という考えがあり、それを全社員が共有しているからこそ、社員さんは安心して、どんな情報も上げてくれます。

ホウ・レン・ソウは、人を管理するための仕組みではなく、大切な人を安心させるための仕組みです。ホウ・レン・ソウは愛なのです。

2節　ホウ・レン・ソウの原則

(1) 誰もがホウ・レン・ソウ

当社の場合、ホウ・レン・ソウへの取り組みは全員参加です。社長が率先し、経営幹部が、そして社員さんが続きます。全員で、現場の社員さんから上がってくる情報を受けたり、現場の人に返したりします。お客さまや地域の人とのホウ・レン・ソウも同様です。

(2) 何でもホウ・レン・ソウ

ホウ・レン・ソウはすべての情報が対象です。お客さまからのクレーム・お褒めの言葉・いただき物、冠婚葬祭、人事異動、資材の注文、出退勤、労災、社員さんから会社へのクレーム・苦情・不満、提案、その他何でも上げてくださいと言っています。この「その他何でも」には、恋愛の悩み、家庭内の問題、借金問題、子育て、など個人的な問題も含まれます。

実は、この「その他何でも」が結構重要なのです。この相談にキチンと対応できれば会社への信頼が深まります。

どんなことでも逃げずにとことんやれば、それが会社の独自能力や強みになると思っています。当社は、「仕事以外の相談も大歓迎！　何でも相談してください」と採用面接の時からずっと言い続けています。求人情報誌にもそのように出していました。ハローワークにも「仕事以外のどんな相談にも乗ります」と出していました。「過去にいじめやつらい思いをした方など歓迎です」「不登校やひきこもりの方も働

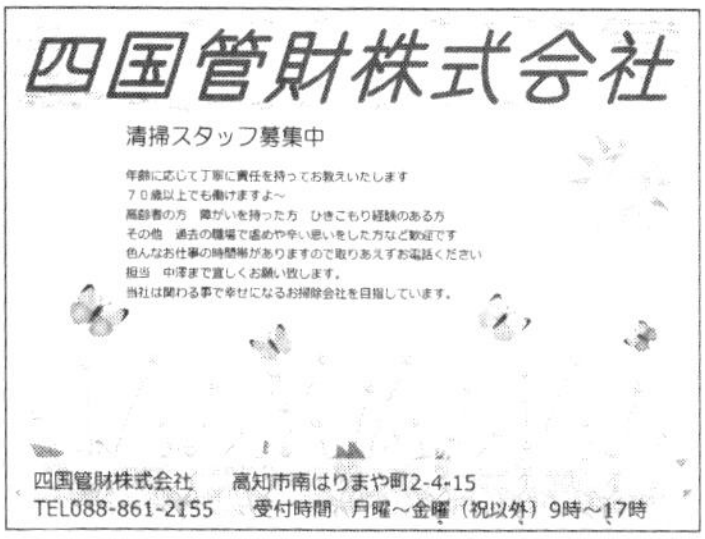

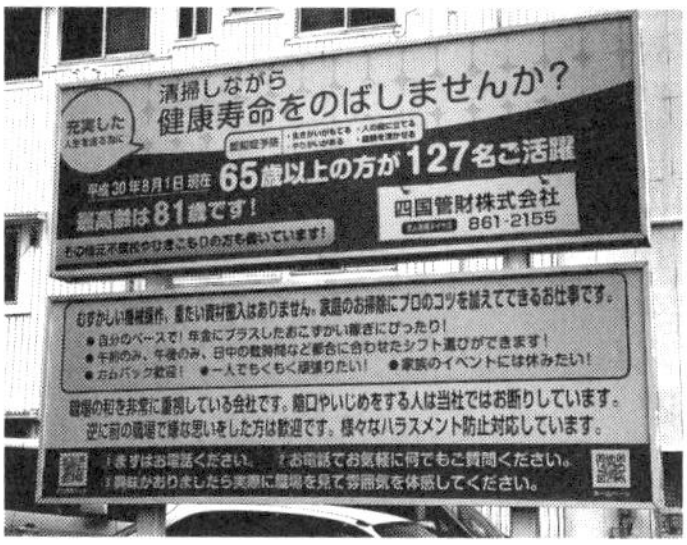

求人広告（左）、立て看板（右）

いています！」と立て看板にも書いています。

会った人みんなに言っていますし、どこでも言っています。親身に社員さんに寄り添って、プライベートの問題まで聞くことは、一つの独自能力であり、他社がなかなかマネできない差別化だと思っています。一見すると、会社のもうけになりそうもないことでも、とことん突き詰めていけば、最終的に会社のメリットになります。

(3) 提案方法は100万通り

社員さんからの提案もホウ・レン・ソウで上がってきます。それは、電話、メール、手紙、資材の発注書・出勤簿・休暇届などに設けてあるメッセージ欄など、どのような手段でもOKです。自分からは言えない

休　暇　届　（提出前に、必ず電話連絡を下さい！）

1. 休暇日より3日前までに本社に提出して下さい。郵送の場合3日前必着です。（例：28日にお休みする場合は25日に本社必着）
2. 急なお休みの場合は、復帰後7日以内に提出して下さい。郵送の場合、7日以内に必着です。
（病気やケガでの急なお休みで有休を希望される場合には、病院か薬局の領収書の添付をお願いします。）
3. ボールペンで記入して下さい。

ご本人記入欄		提出日	年　月　日	
所属現場名		補欠 要・不要	電話連絡日	／
兼任現場名		補欠 要・不要	受付者	
氏名	印		キャップ	

本社記入欄			
受付・記帳	担当責任者	区分	社長
／			

休暇日	休暇時間	理由	希望
			有休・欠勤

『社内報』に掲載させて頂く際に名前の記載について○で囲んで下さい。
実名でOK　・　掲載ダメ　・　匿名希望　・　ペンネーム（　　　　）

社長や会長、会社へ一言（どんな事でも構いません、ご自由にご記入下さい）

※ セクハラやパワハラと感じた時は遠慮なく、相談しやすい管理職へご相談下さい。
秘密は厳守し、必ず対応しますのでご安心下さい。

〒780-0833 高知市南はりまや町2-4-15　TEL 0120－48－3777
四国管財株式会社・株式会社スマサポ　FAX 088－883－0872　2019.6.26改定

休暇届

人は、伝言・陰口でもかまいません。

　他社さんのなかには、社員さんからの意見を聞くために、「目安箱」のようなものを用意しているところもありますが、もっとたくさん社員さんに意見を言ってもらいたいなら、社員さんが伝えたい方法で情報を発信できるようにすればいいと思います。その方がたくさん耳の痛い情報が上がってきます。

(4) お客さま情報もホウ・レン・ソウ

　当社では、お客さま情報を共有しています。これもホウ・レン・ソウに欠かせないと考えています。

　なかには、会社名を言わないお客さまもいます。「中澤だけど」としか言いません。

お客さまは、「四国管財にはたくさん仕事

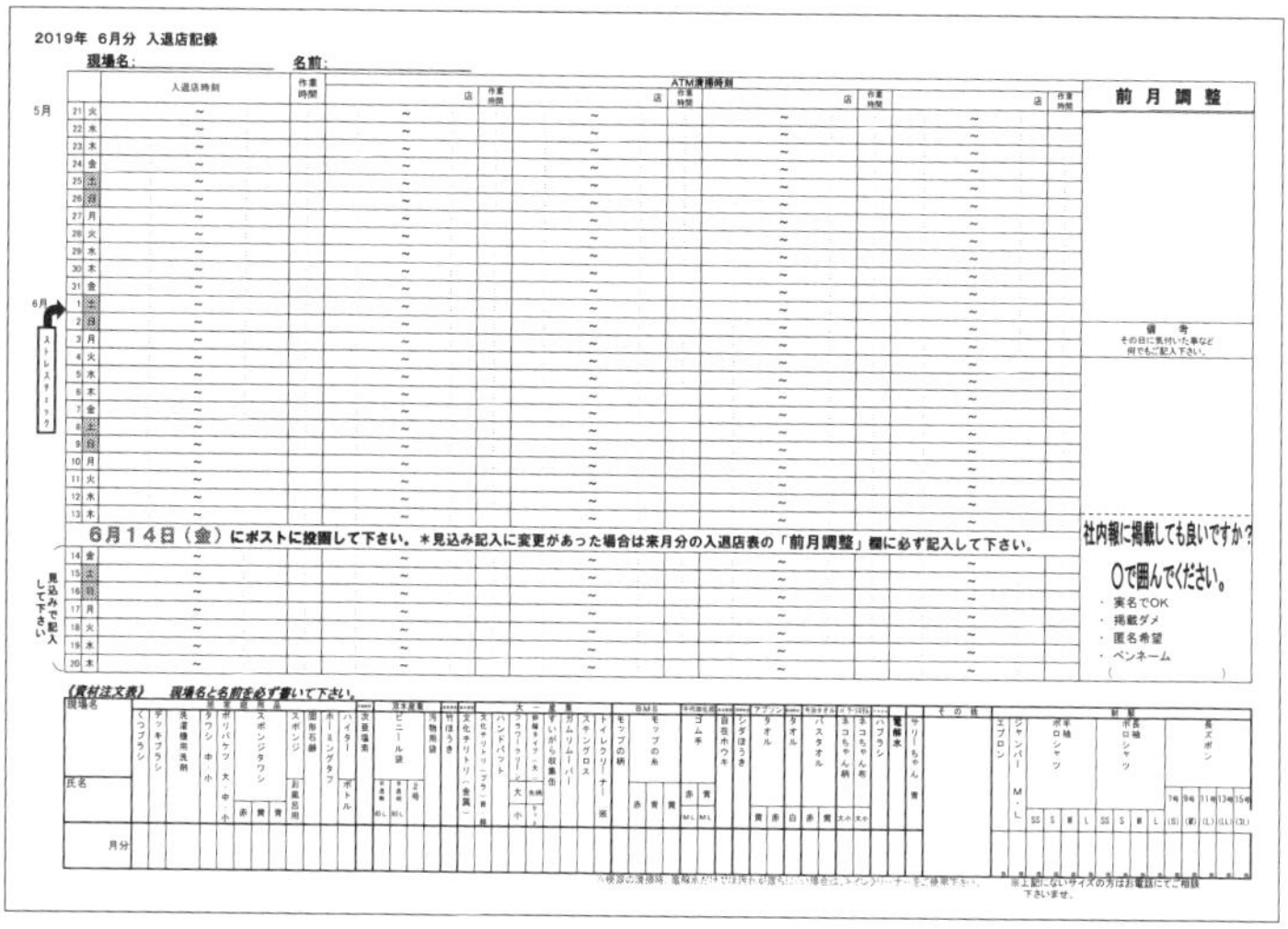

出勤簿

を頼んでいるのだから中澤と言えばわかるだろう」と思うからです。それに対して、「どちらの中澤さまでしょうか？」などと聞こうものなら、「中澤がわからない…」と失望させてしまいます。

なかには、わざと名前を言わない人もいます。当社を試しているのです。いい意味でお客さまとの勝負だと思います。

ですから、「中澤だけど」と言われたら、「ああっ！　どうも中澤さま、いつも大変お世話になっております」と最大限の称賛を込めて、ややオーバーアクションぎみに言えるくらいでないといけません。

そのためには、全員がお客さまを理解する必要があります。そこで、営業と事務員さんとで、お客さまの情報を共有して、このお客さまは、どういう経緯で当社が仕事をもらったのかまで覚えてもらいました。当社のお客さまは、１５０先程あり、現場は４００程度あります。毎日１社ずつ、「このお客さまは父の時代に、そのおじいちゃんと…」という具合に説明していき、５年ぐらいかけて顧客カルテを作成しました。

特に絶対に間違えたくない方については、「社名を尋ねないようにしよう」とお願いし、社名と代表者の名前を覚えてもらいました。「どちらの中澤さまですか？」と尋ねた瞬間、当社は負けなのです。

また、お客さまは来社することもあります。その場合、事前に「今日の午前中に、眼鏡を掛けた身長170センチぐらいのちょっとひげの濃い方が来社します。お客さまの川村さまです」と情報を共有しておけば、お客さまが名乗る前に「あ、川村さまですね」と言えます。当たり前のことですが、このようなわずかなことでもお客さまは大変感動してくださいます。

(5) 電話もホウ・レン・ソウ

当社では、電話もホウ・レン・ソウです。かつて、お客さまからかかってきた電話のやり取りは次のようなものでした。

「中澤さん、いますか?」

「あ、すいません出ています」

「それじゃあ、急ぎじゃないし、こちらの頼み事だから、また電話かけるね」

「よろしくお願いします」

こうしたやり取りの後、電話を受けた人は、お客さまから電話があったことを私に伝えてくれませんでした。これはまずいと思い、「また電話をかけると言ったとしても、それも全部伝えてよ」と言いました。

そう言うと、「でも、お客さまは『急いでない』と言いましたよ」と言うのです。しかし、急いでなかったら電話なんかしてきません。たとえ本当に急いでいなかったとしても、「急いでない」という電話をすぐに折り返すことに意味があるのです。

電話のホウ・レン・ソウを極めないといけないと思いました。そこで「折り返し電話作戦」を始めました。どういう作戦かというと、「急いでない」と言ったお客さまに、折り返し電話をすぐにしました。そして、お客さまがどのような反応をしたのか、どのように感動したり喜んだりしたのかを、当時使っていたボイスメールというホウ・レン・ソウのシステムに入れて、次々と、本社の社員さんに配信したのです。生の事例を聞いてもらった効果は抜群でした。社員さんたちは、お客さまが喜んでくださることを実感してくれました。

効果はそれだけではありません。「折り返し電話作戦」をしているなかで、「電話のホウ・レン・ソウひとつでも、とことん極めれば他社との差別化になる」ことに気づいたのです。

私は、朝礼でも「昨日、お客さまから電話があったことをすぐに伝えてくれたよね。すぐ折り返し電話したら、お客さまはすごく驚いて、感激してくれました！」などと話して、みんなで折り返し電話の意味と効果を共有するようにしていました。

折り返し電話をすると、なかには「やっぱりすぐ折り返してきたね」と言うお客さまもいます。当社に期待しているのです。日々、お客さまに試されています。

(6) 見積もり情報もホウ・レン・ソウ

当社では、見積もりについて、みんなで情報を共有していました。

以前は、お客さまから見積もりのことでお電話があると、事務員さんは「担当ではありませんので、私ではわかりかねます。折り返し担当からお電話いたします」と答えていました。事務員さんは、営業から言われたとおりにパソコンで見積書をタイプして、プリントアウトしていただけで、見積書に書いてある言葉の意味すら知らなかったからです。

しかし、あるとき、四国管財を応援してくれるお客さまが「あの対応は感じ悪いよ」と教えてくださいました。有り難いことです。

私は、「見積書に魂を入れようよ」とお願いしました。これを機に、朝礼のなかで見積書の説明会をするようになりました。長い時は、朝礼が2時間にも及びました。「この見積書は、こういう貯水槽のタンクがあって、タンクのこれが…」などと、どういう見積書なのか、事務員さんにわかるように説明しました。こうして営業と事務員さんは、見積書の情報を共有するようになったのです。

(7) クレーム情報もホウ・レン・ソウ

お客さまからの電話のなかには、ラッキーコールと称しているクレームも含まれています。ここで問題がありました。電話を受ける事務員さん（スマイルサポーター）が、すべてのクレームを把握していないと、そのお客さまが怒り心頭で電話をかけてきた時に、おわびができなかったのです。

これはよくないと思いました。そこで、スマイルサポーターさんにクレームをいち早く共有してもらい、たとえ自分が引き起こしたクレームでなくても、会社として謝ってもらうようにしました。

具体的には、翌日の朝礼で、昨日どんなミスやクレームがあったのかを説明し、みんなで共有しておきます。こうすることで、スマイルサポーターさんが電話を取った時に、お客さまの名前を聞いただけで、「昨日は申し訳ございませんでした。当社の社員がこんなことをして…」と言えるようになります。すると、お客さまは「おー」と感動してくださいます。

こうした対応は、社員さんからの電話に対しても同じです。例えば、手配ミスで嫌な思いをさせてしまった社員さんから電話がかかってきたとしたら、電話に出たスマイルサポーターさんは「先日は、資材を間違って配達してしまい、申し訳ございません」と謝ります。ホウ・レン・ソウの情報は、共有することで、たとえクレームであっても感動に変えることができるのです。

(8) ホウ・レン・ソウのフィードバック

日々上がってくるホウ・レン・ソウは、TS（トータル・サティスファクション）研修、朝礼、社内報への掲載など、あらゆる機会を使って社員さんにフィードバックしています。

上がってきた情報を、私が「これは次の研修で使おう」「これは次号の社内報のネタにしよう」などと、バンバン振り分けて、それをスマイルサポーターさんに文字化してもらいました。

しかし、スマイルサポーターさんは多忙ですから、すぐに取りかかれないこともあります。そこで、案件ごとに「これは4日後かな」などと期限を決めて、期日がくると催促していました。

「あの件、どうなった？」

「まだ、やっていません」

「それはどうして？」

「忙しかったからです」

「どうして忙しかったの？」

このように、「なぜ、なぜ」を繰り返して尋ねます。相手を責めるためにしていたのではありません。改善すべきことがそこにあるからです。

なぜ忙しかったのかを聞いて、理由を分析すると、われわれが知らないところで、すごく苦労していることがたくさん見えてきます。「あ、そんな仕事があるのか。それだったら、このルールは変えないといけないね」というように、できない理由には業務改善につながるヒントが潜んでいるのです。

しかし、単純に忘れてやっていない場合もあります。当社は、「忘れていました」という返答もありにしています。「忘れないようにしてね」と言えばいいだけだからです。「忘れていました」と言えない職場環境こそがよくないと思います。社員さんは、「忘れていました」と言えないと、ウソを言わなければならなくなります。それでは安心して働けません。ですから「忘れていました」という返答もありにしています。

なかには忘れていないけど、やっていない場合があります。やりたくないからやらないのです。その仕事に対して反対なのです。社長が言うから、仕方なく「はい」と言ったものの、やりたくないからやらないのです。この場合は、「それだったら、もう1回議論しようや」と言って、話し合います。納得してもらえばやってもらいますが、逆にその人の意見が正しいと思ったら、「じゃあ、これはやめよう」と言います。

3節 ホウ・レン・ソウと組織のあり方

(1) フラットな組織

当社はツリー型の組織になっていません。なぜなら、ホウ・レン・ソウを重視した会社であり、クイックレスポンスを大事にしているからです。なかでもクレームはスピードが勝負です。

決裁のプロセスは、担当する社員さんが稟議（りんぎ）書を起案して、上司、そのまた上司、最後は社長というように、階層を経て上がってきます。決裁のプロセスは、コンプライアンスの観点からも、そういうプロセスが大事だと思います。

しかし、クレームに関しては、そのようなプロセスを経ていたら迅速な対応ができません。何か事件が起こったら、即時に、関係者が情報を共有できることがとても大事です。

ホウ・レン・ソウの上げ方について、情報を野球のボールにたとえてご説明します。これはユマ人材企画の滝澤さんに教えていただきました。

会社を5階建てのビルと考えてください。5階には社長や役員がいて、4階には部長が、3階には課長が、2階には係長が、1階には一般社員がいるとします。

一般的に、1階の社員さんが5階の社長にボールを上げようとしたら、まず2階の係長にボールを上げ、2階の係長は3階の課長に、3階の課長は4階の部長に、そして4階の部長が社長や役員に上げます。このようにすると、コンプライアンス面では安心ですが、時間と労力がかかるため、緊急性を要するクレーム対応には不向きです。

では、1階の社員さんが、直接5階の社長にボールを投げ上げるようにしたらどうかというと、これも大変です。社員さんは2階にボールを投げ上げるのも大変なのに、一気に5階の社長まで投げ上げようとすると、もはや命がけです。パワーも、コントロールも、モチベーションも必要です。これは現実的ではありません。

それだったら、会社を5階建てにせず、ワンフロアにしてしまえばいいのではないかと思い、組織のあり方を大変革しました。

●お客様係のハブ的役割

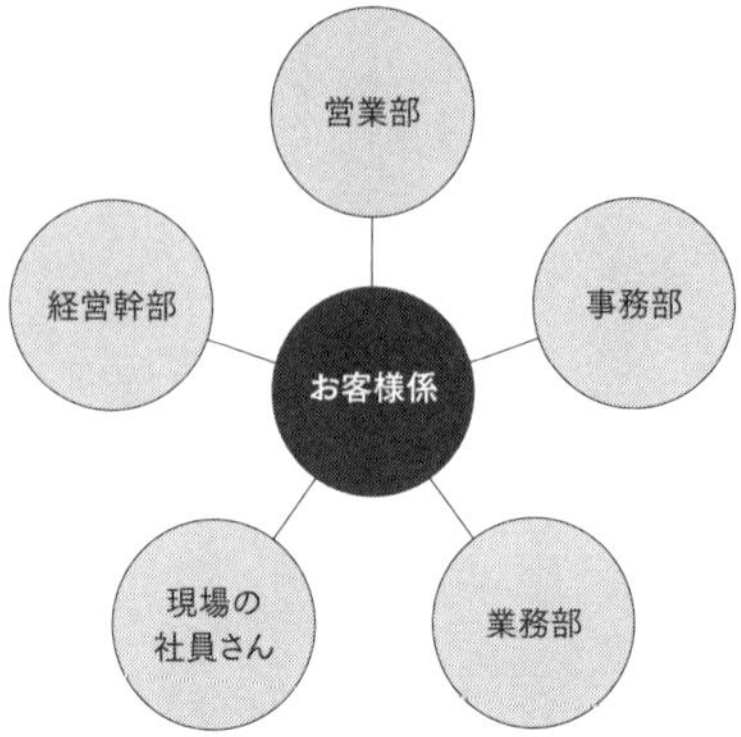

具体的にいうと、社長も役員も管理職も一般職も、一つのフロアに集めました。次に、社内的に肩書はあるものの、全員をフラットに位置づけました。

中心には、お客様係を置いて、ハブのようにすべての社員さんとつながるようにしました。

クレーム情報については、お客様係をハブの中心にして、現場、営業とやり取りし、それを本社の全社員につないでいきます。

このように、ホウ・レン・ソウは、お客様係が一元的に受けていますが、社員さんには「何かあったらお客様係に電話してください」とは言っていません。「会社に電話してきてね」とだけ言っています。理由は、ホウ・レン・ソウは、誰に上げてもいいようにしているからです。課長、部長を飛び越えて、いきなり社長に上げたとしても、「俺は聞いてない」「俺を差し置いて」と文句を言う人は一人もいません。ホウ・レン・ソウを受けた人が、スピーディーにみんなと情報を共有すればいいだけの話です。こうすることで、情報を上げやすくしたのです。

そもそも、花瓶を割って頭が真っ白になっている時に、「お客様係」という名前を思い出す社員さんは、多分いません。ですから四国管財のフリーダイヤルへ電話してくれれば、誰が出ても、ホウ・レン・ソウで、伝わるようにしています。

(2) お客様係

お客様係とは、本社の次の部門から横断的につくった組織の名称で、当時、営業部6名、事務部6名、業務部8名、現場責任者1名の総勢21名でした。

お客様係のうち、主体的にホウ・レン・ソウを受けていたのは、事務部の「スマイルサポーター」と称している人たちです。彼女たちは、ホウ・レン・ソウを受けながら学習していきます。例えば、現場から何かを買ってほしいという要望が上がってきたとしたら、初回は経営幹部に相談してもらいます。経営幹部は、「こういう場合は、あなたが承認して構わないよ。事後報告してくれればいいよ」「ただし、こういう場合は、事前にひとこと言ってね」などと教育していきます。こうすることで、ホウ・レン・ソウを受けた人が即決できるようになり、迅速に対応できます。「ほしいと言われたので発注しておきました」でいいのです。

お客様係の経営幹部もホウ・レン・ソウをすることで学習していきます。上がってきた情報

●お客様係及びスマイルサポーター

お客様係（21人）

- **営業部**　6人（5人）
  社長、常務1人、部長1人、課長2人、ディレクター1人（営業部に在籍するが、現場責任者として現場に駐在）
- **事務部**　6人
  経理担当4人（部長1人、一般社員3人）
  総務担当2人（主任1人、一般社員1人）
  ※事務部の6人が「スマイルサポーター」を兼務
- **業務部**　8人
  係長1人、主任4人、リーダー2人（一般社員）
- **現場責任者**　1人（2人）
  ディレクター1人（営業部から駐在）
  医療サポート主任1人

に対して、「これはこういう理由だからＯＫ」などと、理由を説明して、判断の過程と結果を幹部全員で共有していきます。ブレない判断を下し、それを延々と経営幹部で共有すると、やがて、判断が一致するようになります。「いままでなら反対ですけど、これだけは賛成です」と言うようになれば、かなり成長したということです。このように賛否が分かれた場合は、みんなで議論したらいいのです。

実際、例外もたくさんあります。一般的に、会社は例外をつくりたがりません。しかし、当社は「これ、理屈としては合わないね。じゃあ、この件に限り例外でＯＫにしよう」などと平気でしました。そうした方が解決するからです。優先すべきは会社のルールではなく、社員さんの幸せです。これは最も大切な大原則でした。

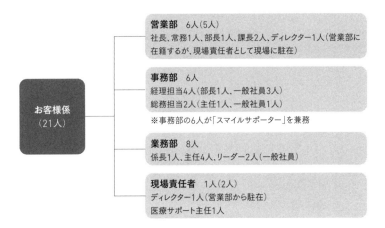

● 本社組織図（社長当時）

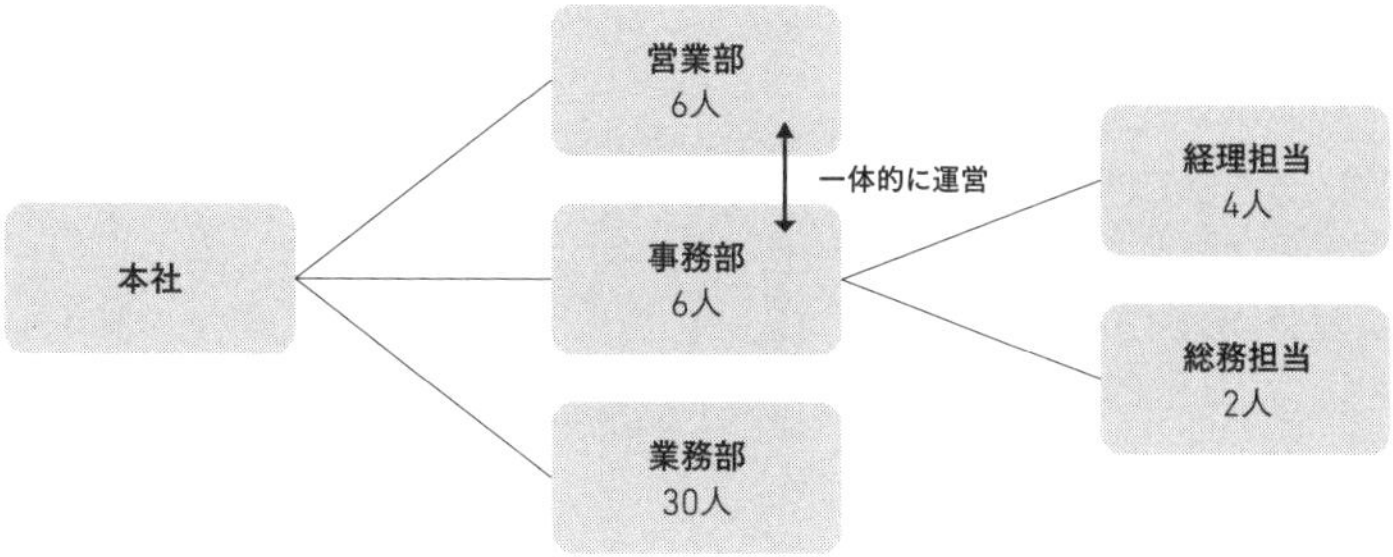

● 本社組織

部門	総人員数	人員構成	主な業務内容
営業部	6人	社長、常務1人、部長1人、課長2人、ディレクター1人	経営（理念・戦略・計画）、財務、サービス開発、意思決定、広報、人事（雇用、教育）、営業推進、ラッキーコール対応
事務部	6人	経理担当4人（部長1人、社員3人） 総務担当2人（主任1人、社員1人） ※事務部長は経理を主管、営業にも携わる	財務、税務、経理、総務 営業促進、ラッキーコール対応、社内報制作
業務部	30人	係長1人、主任4人、リーダー4人 一般職員18人（社員16人、パート2人） 障がい者就労2人（社員1人、パート1人） 本社掃除担当1人（パート）	業務全般、巡回指導、クリーンアドバイザー業務

(3) ホウ・レン・ソウを妨げる要因

ホウ・レン・ソウが上がってこない要因の一つは、中間管理職にあります。上がってきた情報を止めてしまう人がいるのです。理由は多忙による失念です。

私はホウ・レン・ソウを止めることをとても嫌いました。止めたのがわかると厳しく叱られるので、意図的に止める人はいません。忙しすぎて忘れてしまうパターンがほとんどです。

ある人は、ホウ・レン・ソウをよく忘れました。その人は、うちの会社でたくさん仕事をしてくれていた人でした。私たちは、その人がホウ・レン・ソウを怠るたびに、「○○さんは仕事が多すぎるぞ。見直してあげないとつぶれるぞ」とみんなで言っていました。案の定、その人は辞めてしまいました。仕事は、できる人に集中してしまいます。それがホウ・レン・ソウを止めてしまう要因になることがわかった事件でした。

もう一つの要因は、経営者側にあります。われわれの姿勢です。情報を上げてくれたのに、返事をなかなかしなかったり、機嫌を悪くして逆ギレしたりすると、「あいつらに言っても嫌な思いをするだけだからもう言わないでおこう」となります。

情報を受ける側が誠心誠意対応しなければ、ホウ・レン・ソウは止まってしまいます。それが証拠に、きちんと返事をすればたくさん上がってきます。手書きの返事をしたら、驚くほど上がってくるようになりました。それで、「手紙を書くのが仕事になっている」と言われるほど、手紙を書くようにしていました。

ホウ・レン・ソウを上げてもらうために、報奨金を出したこともありました。しかし、自然消滅しました。いろいろな試みをしましたが、社風に合わない制度はなくなっていきます。そもそも「お金を出すから意見を言ってください」という制度は、違和感があります。ホウ・レン・ソウは、社員さんが安心して働けるようにする制度だからです。

⑷ ホウ・レン・ソウをよくする方法

どうすればホウ・レン・ソウがよくなるのかについてお話しします。一つは、肩書が上の人ほどホウ・レン・ソウを増やすことだと思います。特に社長が率先すべきです。私は、これを徹底しました。ですから、一番ホウ・レン・ソウが多かったのは私だと思います。背中を見せて「社長でも、こんなことを相談してくれる」と思ってもらえるようにとにかくホウ・レン・ソウしました。

もう一つは、上げてくれたことに対する感謝の報告をたくさんすることです。「こういうことを上げてくれたけど、この話ってとてもありがたいことで、助かりました」「またよろしくね」というような報告を社内報などでフィードバックしていました。

最初の頃は、何もわかっていませんでしたから、ホウ・レン・ソウが上がってこないと、「なぜ上がってこないんだ」とか「ちゃんとせい」などと、社員さんのせいにしていました。しかし、褒められないと、絶対、社員さんはホウ・レン・ソウしてくれないことがわかってき

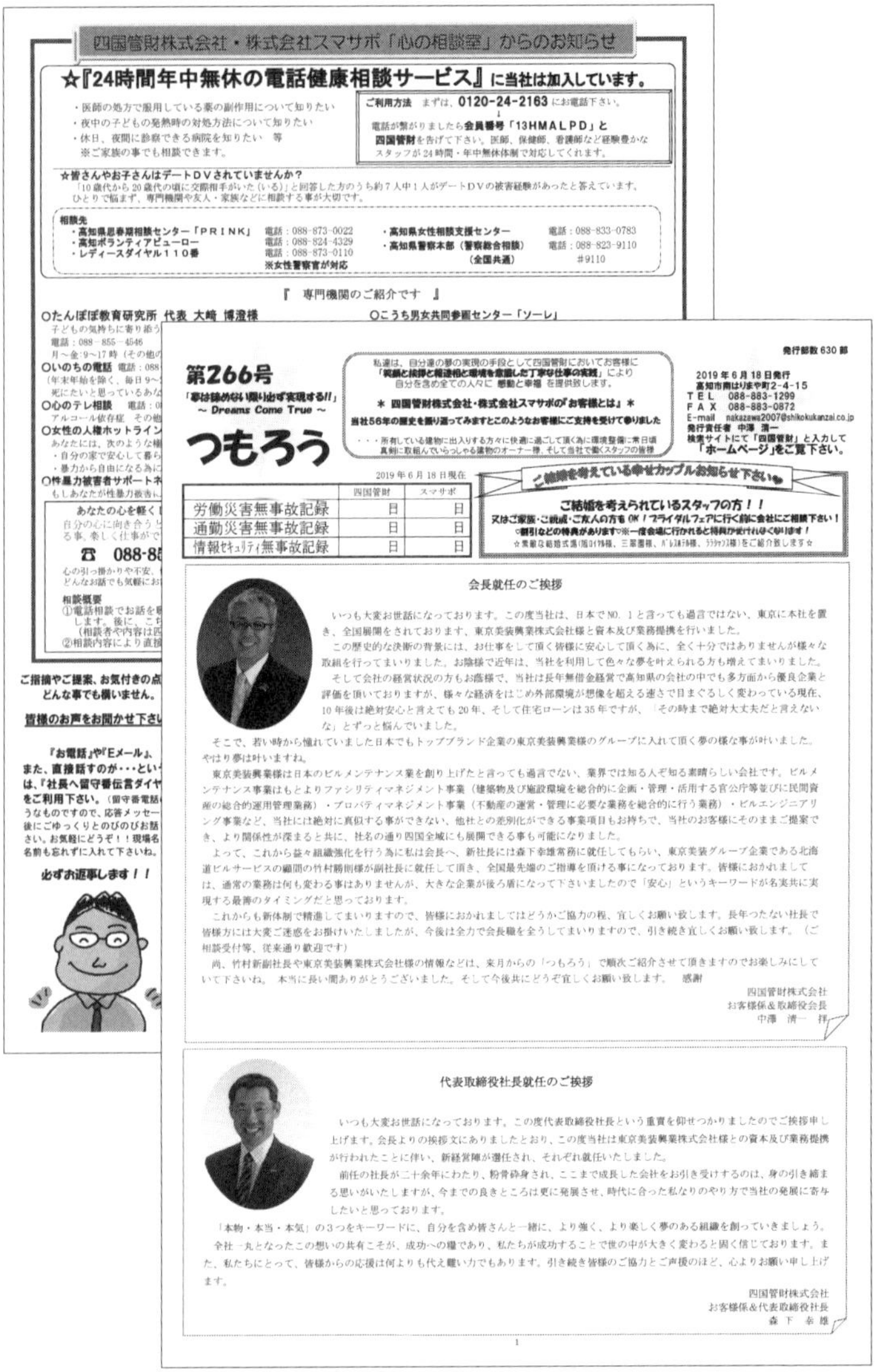

四国管財株式会社・株式会社スマサポ「心の相談室」からのお知らせ

☆『24時間年中無休の電話健康相談サービス』に当社は加入しています。

・医師の処方で服用している薬の副作用について知りたい
・夜中の子どもの発熱時の対処方法について知りたい
・休日、夜間に診察できる病院を知りたい　等
※ご家族の事でも相談できます。

ご利用方法　まずは、0120-24-2163 にお電話下さい。
電話が繋がりましたら会員番号「13HMALPD」と
四国管財を告げて下さい。医師、保健師、看護師など経験豊かなスタッフが24時間・年中無休体制で対応してくれます。

☆皆さんやお子さんはデートDVされていませんか？
「10歳代から20歳代の頃に交際相手がいた（いる）」と回答した方のうち約7人中1人がデートDVの被害経験があったと答えています。ひとりで悩まず、専門機関や友人・家族などに相談する事が大切です。

相談先
・高知県思春期相談センター「PRINK」　電話：088-873-0022
・高知ボランティアビューロー　電話：088-824-4329
・レディースダイヤル110番　電話：088-873-0110　※女性警察官が対応
・高知県女性相談支援センター　電話：088-833-0783
・高知県警察本部（警察総合相談）（全国共通）　電話：088-823-9110　#9110

『　専門機関のご紹介です　』

○たんぽぽ教育研究所 代表 大崎 博澄様
○こうち男女共同参画センター「ソーレ」

発行部数 630 部

第266号
「夢は諦めない限り必ず実現する!!」
～ Dreams Come True ～
つもろう

私達は、自分達の夢の実現の手段として四国管財においてお客様に
「笑顔と挨拶と報連相と環境を意識した丁寧な仕事の実践」により
自分を含め全ての人々に 感動と幸福 を提供致します。

＊ 四国管財株式会社・株式会社スマサポの「お客様とは」＊
当社56年の歴史を振り返ってみますとこのようなお客様にご支持を受けて参りました
・・・所有している建物に出入りする方々に快適に過ごして頂く為に環境整備に常日頃真剣に取組んでいらっしゃる建物のオーナー様、そして当社で働くスタッフの皆様

2019年6月18日発行
高知市南はりまや町2-4-15
TEL　088-883-1299
FAX　088-883-0872
E-mail　nakazawa2007@shikokukanzai.co.jp
発行責任者　中澤　清一
検索サイトにて「四国管財」と入力して
「ホームページ」をご覧下さい。

2019年6月18日現在

	四国管財	スマサポ
労働災害無事故記録	日	日
通勤災害無事故記録	日	日
情報ｾｷｭﾘﾃｨ無事故記録	日	日

ご結婚を考えている幸せカップルお知らせ下さい

ご結婚を考えられているスタッフの方！！
又はご家族・ご親戚・ご友人の方もOK！ブライダルフェアに行く前に会社にご相談下さい！
♡割引などの特典があります♡※一度会場に行かれると特典が受けれなくなります！
☆素敵な結婚式場（旭ロイヤル様、三翠園様、パレスホテル様、ララシャンス様）をご紹介致します☆

会長就任のご挨拶

いつも大変お世話になっております。この度当社は、日本でNO. 1と言っても過言ではない、東京に本社を置き、全国展開をされております、東京美装興業株式会社様と資本及び業務提携を行いました。

この歴史的な決断の背景には、お仕事をして頂く皆様に安心して頂く為に、全く十分ではありませんが様々な取組を行ってまいりました。お陰様で近年は、当社を利用して色々な夢を叶えられる方も増えてまいりました。

そして会社の経営状況の方もお蔭様で、当社は長年無借金経営で高知県の会社の中でも多方面から優良企業と評価を頂いておりますが、様々な経済をはじめ外部環境が想像を超える速さで目まぐるしく変わっている現在、10年後は絶対安心と言えても20年、そして住宅ローンは35年ですが、「その時まで絶対大丈夫だと言えないな」とずっと悩んでいました。

そこで、若い時から憧れていました日本でもトップブランド企業の東京美装興業様のグループに入れて頂く夢の様な事が叶いました。やはり夢は叶いますね。

東京美装興業様は日本のビルメンテナンス業を創り上げたと言っても過言でない、業界では知る人ぞ知る素晴らしい会社です。ビルメンテナンス事業はもとよりファシリティマネジメント事業（建築物及び施設環境を総合的に企画・管理・活用する官公庁等並びに民間資産の総合的運用管理業務）・プロパティマネジメント事業（不動産の運営・管理に必要な業務を総合的に行う業務）・ビルエンジニアリング事業など、当社には絶対に真似する事ができない、他社との差別化ができる事業項目もお持ちで、当社のお客様にそのままご提案でき、より関係性が深まると共に、社名の通り四国全域にも展開できる事も可能になりました。

よって、これから益々組織強化を行う為に私は会長へ、新社長には森下幸雄常務に就任してもらい、東京美装グループ企業である北海道ビルサービスの顧問の竹村勝則様が副社長に就任して頂き、全国最先端のご指導を頂ける事になっております。皆様におかれましては、通常の業務は何も変わる事はありませんが、大きな企業が後ろ盾になって下さいましたので「安心」というキーワードが名実共に実現する最善のタイミングだと思っております。

これからも新体制で精進してまいりますので、皆様におかれましてはどうかご協力の程、宜しくお願い致します。長年つたない社長で皆様方には大変ご迷惑をお掛けいたしましたが、今後は全力で会長職を全うしてまいりますので、引き続き宜しくお願い致します。（ご相談受付等、従来通り歓迎です）

尚、竹村新副社長や東京美装興業株式会社様の情報などは、来月からの「つもろう」で順次ご紹介させて頂きますのでお楽しみにしていて下さいね。　本当に長い間ありがとうございました。そして今後共にどうぞ宜しくお願い致します。　感謝

四国管財株式会社
お客様係＆取締役会長
中澤　清一　拝

代表取締役社長就任のご挨拶

いつも大変お世話になっております。この度代表取締役社長という重責を仰せつかりましたのでご挨拶申し上げます。会長よりの挨拶文にありましたとおり、この度当社は東京美装興業株式会社様との資本及び業務提携が行われたことに伴い、新経営陣が選任され、それぞれ就任いたしました。

前任の社長が二十余年にわたり、粉骨砕身され、ここまで成長した会社をお引き受けするのは、身の引き締まる思いがいたしますが、今までの良きところは更に発展させ、時代に合った私なりのやり方で当社の発展に寄与したいと思っております。

「本物・本当・本気」の3つをキーワードに、自分を含め皆さんと一緒に、より強く、より楽しく夢のある組織を創っていきましょう。

全社一丸となったこの想いの共有こそが、成功への糧であり、私たちが成功することで世の中が大きく変わると固く信じております。また、私たちにとって、皆様からの応援は何よりも代え難い力でもあります。引き続き皆様のご協力とご声援のほど、心よりお願い申し上げます。

四国管財株式会社
お客様係＆代表取締役社長
森　下　幸　雄

1

社内報「つもろう」

ました。それからは、褒めまくり、感謝しまくりに180度方向転換しました。

さらにもう一つあります。それは「わくわく楽しい笑顔の経営」です。絶対これも必要なことだと思います。

また、たくさん失敗してわかったのですが、情報配信にマイナス用語を入れるのはタブーです。文字で伝える場合は、すごく傷つく恐れがあるからです。顔を見ながら、口頭で「この提案、いまいちだな」と言えば、笑いで済みますが、メールで「提案ありがとう。ちょっといまいちだね」と書いたら、相当傷つきます。だから、手紙やメールは、大げさに褒めて、注意はかなり少なめにするように気をつけていました。もっというなら、楽しい風土、笑顔の風土が必要です。そういったものが、ホウ・レン・ソウの活性化に関係していると思います。言いにくい風土だと情報は上がってきません。

私は、あまりにもワイワイ、にぎやかにしているものだから、スマイルサポーターさんから「仕事に集中できないから静かにしてください」と注意されたこともあります。和気あいあいにも程があると言われました。

しかし、それくらい和気あいあいの所にしか、情報というものは上がってこないのです。懲罰をちらつかせて恐怖でホウ・レン・ソウを上げさせる方法もあるかもしれませんが、上がってきたとしても、情報はかなり偏っていると思います。なぜなら、自分に損な情報は決して上げようとしないからです。そして、いつの日か、情報は上がってこなくなります。「なぜホウ・レン・ソウを上げないんだ」と怒っている時点で、もう絶対にホウ・レン・ソウは上がってきません。

4節　ホウ・レン・ソウのポイント

(1) 組織の壁を取り払う

前述のように、当社では、営業部、業務部、事務部（スマイルサポーター）、現場責任者から、組織横断的に「お客様係」というチームを組成しています。名刺も、スマイルサポーターさんなら「お客様係&スマイルサポーター 山田花子」となります。私は「お客様係&取締役会長」です。社員さんには、「肩書は覚えなくてもいいよ。お客様係だけでいいよ」「課長も部長も関係ないよ。誰にホウ・レン・ソウしてもいいよ」と言っていました。

経営品質の考え方に「組織の壁を取り払う」というものがありますが、ホウ・レン・ソウにおいてもそうすべきだと思います。四国管財のお客さまに関係することなのに、「うちの部署は関係ないから」という態度には違和感を覚えます。清掃業務の担当であっても「それってお客さまにとってどうなの」と思うことがあれば経理に口を出してもいいし、清掃業務の人がだらしない格好をしていたら、経理の担当であっても口を出してもいいと思います。「組織の壁を取り払い、みんなで協力しよう」という思いで「お客様係」という一つのチームを組成しました。お客さまに対する意識をいろいろな部署の人が共有できるようにしたのです。

　クレーム対応にスーパースターは要りません。ホームランも要りません。地味ですが、チームで臨もうと思っています。なぜなら、われわれにはホウ・レン・ソウという武器があり、担当営業が行けない場合でも、代わりに、一番近くにいる者が駆けつけられるようになっているからです。クレーム対応で一番大事なことは、「迅速な対応」です。まずは、すぐに駆けつけることです。

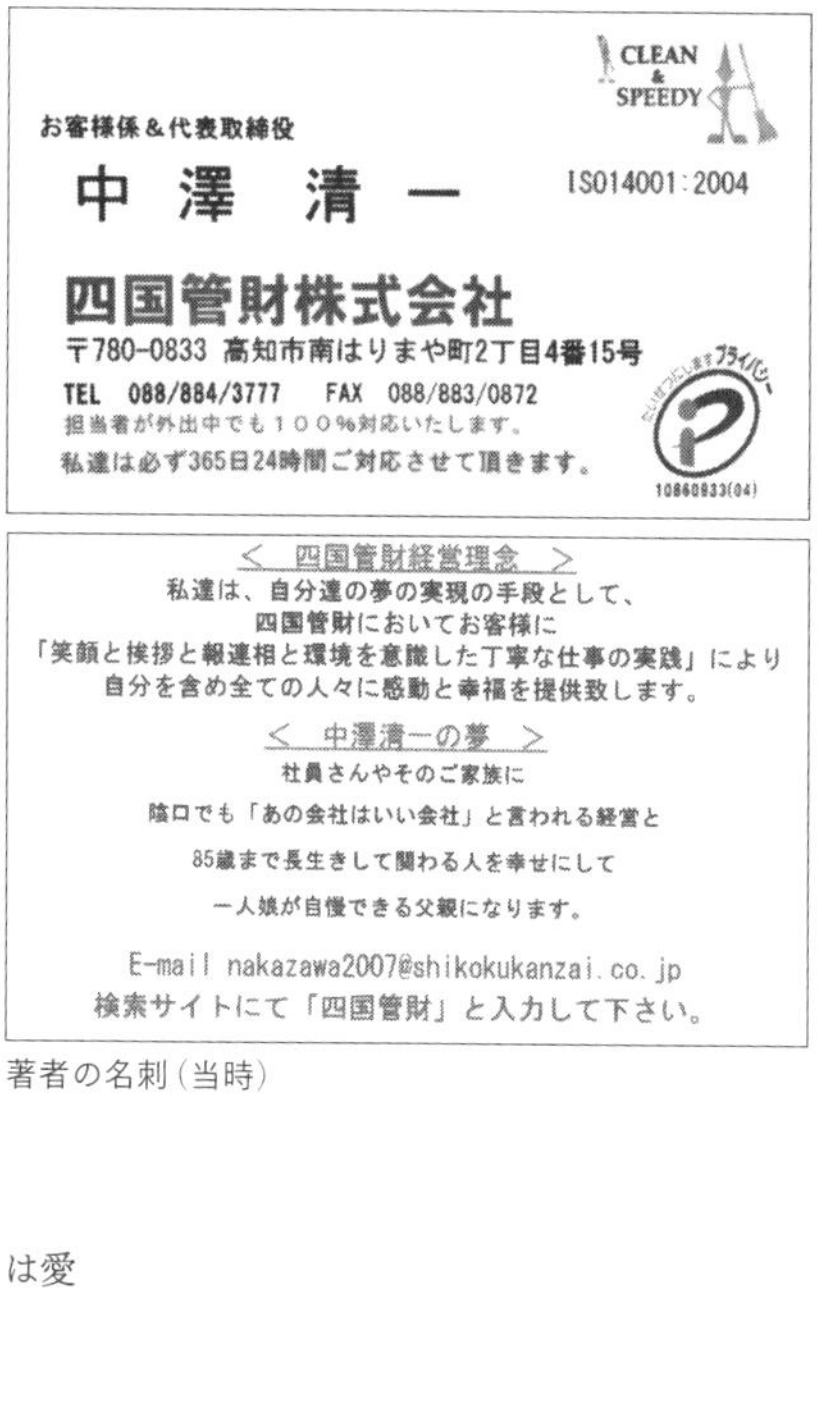
CLEAN & SPEEDY
お客様係＆代表取締役
中澤 清一
ISO14001:2004
四国管財株式会社
〒780-0833 高知市南はりまや町2丁目4番15号
TEL 088/884/3777 FAX 088/883/0872
担当者が外出中でも１００％対応いたします。
私達は必ず365日24時間ご対応させて頂きます。
たいせつにしますプライバシー
10860833(04)
＜ 四国管財経営理念 ＞
私達は、自分達の夢の手段として、
四国管財においてお客様に
「笑顔と挨拶と報連相と環境を意識した丁寧な仕事の実践」により
自分を含め全ての人々に感動と幸福を提供致します。
＜ 中澤清一の夢 ＞
社員さんやそのご家族に
陰口でも「あの会社はいい会社」と言われる経営と
85歳まで長生きして関わる人を幸せにして
一人娘が自慢できる父親になります。
E-mail nakazawa2007@shikokukanzai.co.jp
検索サイトにて「四国管財」と入力して下さい。
著者の名刺（当時）

(2) 情報は絶対に止めない

当社は、社長と話していても、電話が鳴ったら、社長との会話を中断して、全員電話に出るルールにしています。組織として、何が大事か、優先順位を決めています。ですから、幹部会議も話が中断しまくります。「すみません、会議中です」と電話の相手に言ってしまった瞬間、「最悪!」と思います。

会議は、会社をよくするためにやっている行為です。社員さんが困り事で電話してきたのに、「すみません、会議中で取り次げません」と言ってしまったら、せっかく悩み事を相談しようと思ってくれたのに、やめてしまうかもしれません。それでは会社はよくなりません。言っていることとやっていることが違うと思います。ですから、当社は、来客中、会議中、何とか中、など一切なしです。全部、電話をつなぎます。

ある時、大クレームが起こって、みんなで重要な会議をしたことがありました。電話を取った人は気を利かして、「いや、いまちょっと、大事な話をしているから」と電話をつながないようにしてくれました。いつも、とりとめのないことを相談してくる社員さんからの電話だったからです。

私はそれを聞いて「電話を止めろとは言ってないよね」と叱りました。叱られた人は、「でも、こんな大事件が起こって、話し合っているのだから、つながないのが当たり前だと思いました」と言いました。私は、「うちにとっては、当たり前じゃないんだ。うちは、当たり前を通り越した変な会社なんだから」と言いました。

接客中も同じです。電話が鳴れば、会話を中断して電話に出ます。よく「それじゃあ、お客さまが嫌な思いをしませんか？」と聞かれますが、そういう心配はありません。四国管財は、電話をかければ、どんな時でも必ず電話に出てくれる」という安心感をお客さまに持ってもらえます。

そうはいっても、当社の社員さんは真面目ですから、大事件が発生すると、どうしても遠慮して、電話の取り次ぎを控えてしまうこともあります。そこで反省しました。大事件が起こったら、一声かけるようにしたのです。「絶対電話を止めないでね。これ、大事件で話し合いをするけど、内線しても大丈夫だから」と言うようにしたのです。

唯一の例外は、電話の取り次ぎをすると嫌がるお客さまの場合です。その場合は、事前に「今日のお客さまは取り次ぎＮＧだから、内線鳴らさないでね」と言うようにしました。そういうケースは１００件に1件あるかないかです。

ホウ・レン・ソウで大事なことは「情報を止めないこと」、それと「情報の共有」です。それをとことん追求していったら、会社が組織として機能するようになり、営業と事務職と社員さんが一つにまとまることができました。情報の共有が組織をまとめてくれるのですね。

(3) 何気ない日常が大切

「なんでも話してね」「ストレスをためないでね」と、日常から社員さんに言い続けています。ホウ・レン・ソウが回るためには、ここがとても大切です。「おはよう」＋「何か相談事はないですか?」というように、日常会話のなかでホウ・レン・ソウを促し続けています。資材発注の電話がかかってきても、廊下ですれ違っても、どんな時にも「何かないですか?」と言い続けているから、ホウ・レン・ソウが回るのです。

(4) 打てばスグに響くホウ・レン・ソウ

提案のなかには、「道具はこのように改善した方がより使いやすい」とか、「こんな備品があったら便利」など、すぐ改善できる提案が多くあります。それについては、稟議(りんぎ)書は不要にしていました。「電話でいいよ」と言っています。電話をもらえば、なるべく即答でほとんどOKを出しました。例えば、「現場に洗濯機がほしい」と言われたら即決で購入します。「洗濯機の費用なんか、たかが知れているから」ということではありません。大事なことは、上げられた要望に対して、すぐに対応することだからです。

私が、現場にいた頃は、提案や要望をいくら上げても、なしの礫《つぶて》もありませんでした。社員さんからは、頻繁に「要望しているのに返事がない」とせっつかれて、私もストレスがたまりました。

返事がないと不満になります。不満がたまると不信になります。そしてホウ・レン・ソウが上がらなくなります。私は、それがどうにも嫌だったので、社長になってからは、ほとんど即答していました。

(5) すべて会社が損をするように判断

ホウ・レン・ソウでは、いろいろな事柄が上がってきます。それを判断する上での大原則についてお話しします。

以前、ある社員さんと話をしていたら、過去10年間、勘違いして交通費をきちんと申請していなかったことがわかりました。経理部に相談したところ、「会社の規定どおりにさかのぼって支払ってあげたらどうでしょうか」と言いました。

それに対して私は「いや、本人が損していたのだから、10年分さかのぼって支払ってあげようよ」とお願いしました。

もう一つこんなことがありました。5年に1回、賞与の支給額が上がることになっている現場がありました。総務部は5年経過後に賞与を上げるようにしていました。「5年に1回」は、解釈によっては1年のタイムラグが生じます。私がきちんと起算日を決めていなかったためです。私はそのことを聞いて、対象者全員、入社からさかのぼって計算し直すようにしました。

このように、私はいつも会社が損をするように判断していました。各部署は、会社のためを考えるのが仕事ですが、社長は、社員さんが得をするように、担当部署と擦り合わせるのが仕事だと思っています。

それに、当社は多少なりとも利益が出ている会社です。必要な費用は経費で落ちます。クレーム対応で即座に弁償できるのも、必要経費として払えるからです。年間いくらかの税金を払うところ、10万円の洗濯機を買えば、それに相応した納税額が減るだけです。申請していなかった交通費をさかのぼって15万円支給しても、賞与を計算し直しても、その相応額だけ納税額が減るだけです。国が支払ってくれたのと同じです。

「法人税を支払ってこそ一流会社だ」という考え方があります。また、「もうけたお金は、内部留保を手厚くして、将来のリスクに備えるべきだ」という考え方もあるでしょう。しかし、私は、何よりも、一生懸命に働いてくれている社員さんに報いたいと思っていました。

5節　スマイルサポーターのルール

スマイルサポーターさんが大切にしている次のルールのうち、いくつかをご説明します。

（電話応対）

・ワン・コールで電話を取る努力
・電話番号を聞かない努力
・お客さまの顔（背景）が思い浮かぶ努力
・担当者がいなくても自分で聞く努力

・折り返し10分ルール
・保留時間が短い
・たらい回しをしない努力
（接遇応対）
・全員が立ってあいさつ・お見送り
・おしぼりサービス
・飲み物が充実
・面接者の対応が感動的
・「○○様お待ちしておりました」の実践
（社内対応）
・上司に遠慮なしに連絡をする
・気軽に相談に乗る
・社内の序列の配慮をしなくてもいい
・現場で働いている社員さんの名前を呼ぶ努力
・誕生日情報を毎日送信
・仕事以外の相談事も聞く
・とにかくユニーク、笑いが絶えない

・効率よりも社員さんを大切にする

❶電話番号を聞かない努力

これは、お客さまからの電話に対して、電話番号を聞かないというルールです。お得意さまのお客さまから電話がかかってきて、「○○病院ですが、いつもお世話になっています。中澤さんに折り返し電話してほしいのだけど」と言われた時、「すみません、念のためにお電話番号をお伺いしてもよろしいでしょうか」と聞かないようにしています。それを尋ねた瞬間にアウトです。大事なお客さまの電話番号を知らないこと自体、失礼すぎます。お客さまは、「なんだ、全然大事にされていないじゃないか！」と思ってしまうことでしょう。ですから、お客さまには「電話番号を聞かない努力をする」ことをルールにしています。

われわれがお客さまに聞いてもいいとしたら、「どちらに折り返したらよろしいですか？携帯ですか、それとも職場ですか？」ぐらいです。

❷お客さまの顔（背景）が思い浮かぶ努力

親しいお客さまのなかには、「わしや」とだけ名乗って、会社名も名前も言わない人がいらっしゃいました。このお客さまに、「どちらのどなたさまですか？」と聞いてしまったら、その瞬間にアウトです。

そこで、スマイルサポーターさんがお客さまをイメージできるように、朝の朝礼時間に、営業がお客さまの特徴を少しずつ説明していきました。「わしや」と言う人は何十人もいませんから、やろうと思えばできるのです。

「『わしや』と言う声の低いお客さまは、どこの誰々さんで、その人はこういう人で、こういうことをすごく嫌がる人で…」

それでも、実際に会ってもらうのが一番印象に残るということで、お客さまのご要望をお聞きする「オーナー・ミーティング」の場に、スマイルサポーターさんを同行させて、「この人が電話に出ますので」と、順番に直接会ってもらいました。

❸担当者がいなくても自分で聞く努力

当社は、不在の際、「代わりにご用件をお伺いします」と言うのを原則禁止にしています。かつて、お客さまから「肩書が下の者が、代わりに聞くもんじゃない」と叱られた経験があるからです。肩書が上の者が、「会長の中澤ですが、部長は出ていますので、代わりに私がご用件をお伺いします」というのはいいですが、下の者が用件をお伺いするのは失礼にあたるので原則禁止しました。

一方で、お客さまにとって、「担当がいないからわかりません」と言われるほど腹が立つことはありません。私は、担当者がいなくても、わかるようにホウ・レン・ソウができているのが、「いい会社」だと思っています。

そこで、「あいにく中澤は外出しております。私は事務員ですが、私でよろしければご用件をお伺いいたしますが、いかがでしょうか」と、ひと言ことわってからご用件を伺うことにしました。

たいがいは「あの見積もりの件だけど、ＯＫが出たと中澤さんに伝えといて」などと、お聞きすれば済む話です。難しい話なら、直接、営業の携帯に電話をかけてこられます。

しかし、お客さまのなかには、スマイルサポーターさんに用件を言わない人もいます。その場合、スマイルサポーターさんから、私に「○○さんに電話してください」と連絡が入ります。何事かと思って電話してみると、「例のやつ、15日でいいから」で話は終わりです。「こんな簡単な話なら、伝言してくれればいいのに」と思いますが、うちの事務員さんを信用してくれていないからそうされたのだと思うと、じくじたるものがあります。われわれ営業の責任です。広報努力が足りないのです。ですから、私はお客さまのところへ行く度に「うちの事務員はしっかりしていますので、用件を言ってもらえれば絶対伝わります。私がいなかったら事務員に伝えてください」などと、広報活動をしていました。

❹折り返し10分ルール

折り返し電話をするのも、極めれば差別化になるため、当時、忘れずに折り返し電話をかける仕組みをつくりました。どういうものかというと、スマイルサポーターさんから「折り返し電話してください」と言われた場合、私から「折り返し電話したよ」という電話をスマイルサポーターさんに返さない限り、案件が完了しないというルールをつくったのです。具体的には、スマイルサポーターさんが、折り返しの電話を営業に伝えて、10分以内に営業から返事がなかったら、もう1回催促するという「10分ルール」です。

実際、「電話してください」と言われて、「はいはい」と言っておきながら、別の雑用をしているうちに忘れてしまうことがあったのです。「ほんとに電話しましたか?」と聞かれて、「あ、忘れとった」と思い出すありさまです。ですから、電話したかどうか追跡チェックしてほしいと頼んだのです。人はうっかりミスをしたり、忘れたりするものです。

いまは、メールという手段がありますので、メールで「○○さんから折り返し電話がほしいという電話が入りました」と配信されます。それに対して「電話したよ」とメールで返事していますが、昔は、わざわざ「折り返し電話しましたよ」とスマイルサポーターさんに電話しなければいけませんでした。それほど、私が失念していたということです。

❺保留時間が短い

かつては、お客さまからの電話で「中澤くんいる?」と言われて、離席していたら「ちょっとお待ちください」と言って、3階のトイレや会議室まで探しに行っていました。しかし、それでは待たされている方はいい気持ちがしません。そこで「保留時間10秒以上はアウト」と決めました。

当社は、ホウ・レン・ソウのツールを持っていますので、すぐに折り返し電話をかけることができます。ですから、「中澤くんいる？」と聞かれたら、見回していなければ「すみません、出ています」と即答していいのです。

なかには、「どこに出掛けているの？」と聞かれることもあります。そこで、予定も共有することにしました。こうすることで、「すみません、今日は出張です。4時までは連絡が取れませんが、その後に折り返しお電話します」などと具体的にお答えすることができます。

このように、電話の応対を極めると、「四国管財は、事務員に言えば必ず伝わる」「絶対に折り返し電話がかかってくる」と評判になり、お客さまの満足も高まっていきました。

❻全員が立ってあいさつ・お見送り

当社では、お客さまはもちろん、採用面接に来た人や、アポイントなしで飛び込み営業に来た人にも、来社してくださったら、全員が起立して「いらっしゃいませ」とお迎えしていました。お帰りになる時も、全員が仕事の手を止めて「ありがとうございました」と、ビシッと立ってお礼を言うようにしました。

電話中の人は、立たなくてもかまいませんが、それ以外の人は立ちます。ビシッと決まると、お客さまは腰を抜かします。アルバイトの人が制服を受け取りに来た時も「いらっしゃいませ」「ありがとうございました」としますから、感動されます。ここは、かなりこだわっていました。

お見送りの際は、担当者は1階の玄関まで、担当者以外は2階のフロアで一斉にお辞儀します。「さようなら」も徹底すれば差別化になるのです。

❼おしぼりサービス

当社では、暑い夏になると、「口座をつくってほしい」「コピー機を買いませんか」という飛び込み営業の人にも、採用面接に来てくれた人にも、分け隔てなくおしぼりをお出ししていました。

私が入社した当時は、当社も飛び込み営業をしていた時がありました。その時、訪問した会社の事務員さんの対応に嫌な思いをした記憶があります。自分がされて嫌なことはしないように、飛び込み営業の人にも、きちんと名刺交換するようにしていました。そして、「暑いでしょう。まあ、お茶でも飲んでいってよ。がんばってね」とねぎらってあげます。

こういうことをしていたら、いいこともありました。飛び込み営業をしているホテルマンが来て、いつものように対応したら、ホテルのお仕事をいただけました。もちろん狙ったわけではありません。たまたま清掃をアウトソーシングしようと考えていたようです。

業者に相見積もりをとることになりました。当社は一番安くはなかったようですが、「絶対、四国管財さんがいいです。あの会社はすごいですから」と、その人が推してくれたのです。それだけでなく、ホテルの社内勉強会に、私が講師として招聘（しょうへい）されました。

後日談もあります。そのホテルでは、取引先のMVPを表彰しており、なんと当社の社員さんが選ばれたのです。

そのホテルでは、女性だけのパーティーがありました。女性トイレにお客さまがたくさん並んでしまったのですが、うちの社員さんが気を利かせて「私が見張っていますから、男子トイレに入ってください」とお客さまを誘導したそうです。それが感動的な対応であるとお褒めいただき、総支配人が自ら「うちのホテルは、こういうことをやりたかったんです」とおっしゃって感謝状を当社までお持ちくださいました。

❽飲み物が充実

うちは、お客さまにお出しする飲み物にも気配りをしています。これもおもてなしです。商談や打ち合わせの際にコーヒーを出してくださるところがよくありますが、コーヒーを飲めない人にとって、ホットコーヒーは地獄です。コーヒーが嫌いな人もいるのです。

ですから、当社ではメニューを用意して、「何になさいますか」と、お好きな飲み物を選べるようにしていました。メニューには、紅茶、コーヒー、ビールもありました。「ビール」と言われたら、しゃれっ気でビールを出したこともあります。

いま、本社の2階には「社内良心市」というコーナーを設けており、そこにはいろいろな飲み物をそろえています。お客さまには、そこで好きな飲み物を選んでもらって、3階の応接間へ上がっていただく流れにしました。

社内良心市

❾面接者の対応が感動的

うちの採用面接に来てくださった人は、みんな感動してくださいます。全員で立ってお迎えし、おしぼりも出して、お茶も出して、きちんとお話しして、帰りもビシッとみんなで起立してお見送りしていたからです。当社は人をとても大事にします。

感動の理由は、それだけではありません。面接に来た人は、2階で必要な書類に記入してもらうのですが、2階には経営幹部やお客様係など全員がいました。みんなで、ワーワー、和気あいあい会話しています。それを目の当たりにすると、「ちょっといい会社かも」と感動してくださるようです。会社の上司と部下、社員同士が楽しく会話している姿を見ると、安心するのでしょう。

⑩「〇〇様お待ちしておりました」の実践

当社では、「〇〇様、お待ちしておりました」を実践しています。例えば、「3時に中澤さまが来社されます」という情報をホウ・レン・ソウで共有します。こうすることで、当人が事務所へ上がって来られて「あのぅ、3時のお約束で来た…」と言った瞬間に、「はい、中澤さま、お待ちしておりました。どうぞこちらへ」とご案内できます。そうされたら誰だって、うれしいものです。全然気持ちが違います。

昔は、入り口にインターホンがなかったので、いきなり2階に上がって来られることがよくありました。それでも、お名前をズバリ言い当てる努力をしていました。

お客さまは、「名前も何も言っていないのに、なぜ名前がわかるのか?」と不思議そうな顔をされます。実は、これはザ・リッツ・カールトンホテルさんがしていたことをマネさせてもらったのです。いいものは取り入れて、とことん、やりぬくようにしていました。

⓫社内の序列の配慮をしなくてもいい

クレームなど、緊急性のある事案は、意思決定できる人に、迅速に情報を上げるべきです。「先に社長に言いました」と、事後に上司に報告してもOKです。飛び越えられて機嫌を悪くする人、メンツばかりを大事にする人は管理者にしません。うちの人事評価は、売り上げを上げた・下げたで決まるのではなく、現場の社員さんたちから「あなたに上司になってほしい」と思われる人や、お客さまが慕っている人の評価を高くします。社長にゴマをする人は上司にはなれません。

お客さまが認めてくれる人や、部下に認められる人は、結果的に、売上を上げてくれる人だと思っています。

人事評価の基準は、人望があるか、困った時に人のせいにしないか、などいくつか大事にしている基準がありました。人柄がよくないと、情報は上がってこないものです。

⓬誕生日情報を毎日送信

スマイルサポーターさんは、本社にいる社員さんの誕生日が近づくと、「明日は○○さんの誕生日です」などと自社開発システムに書き込んで、本社内の社員さんに配信していました。

社長時代、社員さんの誕生日には、全員に手紙を書いていました。本社では「ハッピー・バースデー・ツー・ユー」と、ケーキでお祝いしていたときもあります。しかし、こうしたイベントは形式的になってしまったら、感動も何もありません。肝心なのは、どんなセレモニーをしたかではなく、「40歳、おめでとう!」と、心から祝ってあげることだと思います。

会社が社員さんの誕生日を把握しておくのは、お祝いをしたいからだけではありません。例えば、誕生日には、仕事で遅くならないように配慮することができるからです。

なかには、会社が個人情報を共有することを心配する人もいますが、それはやり方しだいだと思います。

⑬仕事以外の相談事も聞く

社員さんからの電話のなかには、社長には相談したくないという人もいます。嫁としゅうとめの確執とか、そういう話はスマイルサポーターさんと話したいのです。

解決を求めていない場合もよくあります。聞いてもらうだけでいいのです。長いときは、1時間も2時間も話していました。社員さんからのラッキーコールは、たとえ雑談でも全部聞きなさいと言っていました。業務が止まっても、全員がそれを優先的に聞こうと決めていました。これは、下手な研修より、最高の社員満足につながると確信しています。

⑭とにかくユニーク、笑いが絶えない

笑いが絶えない職場にすることもスマイルサポーターさんの役割です。お笑い系で部下から

慕われる人を上司にしていますから、昼間から宴会のノリでワイワイ何でも言える雰囲気になっています。そのほうが、ホウ・レン・ソウがスムーズに回るからです。

⑮効率よりも社員さんを大切にする

当社では、仕事の効率よりも大切なことを大切にしようと決めています。それは社員さんの幸せです。いくら効率がよくても、社員さんが幸せでなければ意味がないと思っています。例えば、当社では、お客さまが帰られる時に、全員が仕事をしている手を止めて、その場で立ち上がって、礼をしてお見送りしていましたが、現場の社員さんが来られた時も同じ対応をしていました。

こうすると、その間、仕事は止まります。効率も悪くなります。なぜそうしていたのかというと、何を優先すべきなのかが明確になっているからです。誰だって、こうしてもらえればうれしいと思います。「何かあったら、また電話しよう」と思います。

ホウ・レン・ソウは、「これからはホウ・レン・ソウすること!」とお触れを出しても、絶対に上がってきません。「この人たちに電話してもいいんだ」「すぐ電話に出てくれるんだ」「この人たちは本気で相談に乗ってくれるんだ」「本気で私たちを大切に思ってくれているんだ」ということを社員さんが実感できないと、情報は上がってこないと思います。社員さんに嫌われたらホウ・レン・ソウは終わりなのです。

6節　ホウ・レン・ソウの仕組み

(1) ツールの変遷

❶ポケットベル

私が、最初にホウ・レン・ソウのツールとして使ったのはポケットベルでした。ちょうどポケベルが急速に普及し始めた頃です。それまでは、現場のリーダーさんに連絡したいことがあると、現場（お客さまの施設）に電話をかけるしかありませんでした。当社の社員さんがいる詰め所に内線電話があればいいのですが、そうでない場合は呼び出してもらうなど、お客さまのお手間になります。

そこで、どうしたかというと、毎日、お昼になると、「何かないですか」と現場のリーダーさんに会社に電話をかけてもらうようにしていました。しかし、用がないことがほとんどで、ムダな作業でした。

そうしたこともあって、ポケベルの普及に合わせて、各現場のリーダーさんにポケベルを渡して、ベルで呼んだら、本社に電話をかけてもらうようにしました。これが最初のホウ・レン・ソウの仕組みです。

❷携帯電話

間もなく、携帯電話が発売されました。これはいいと思い、まず私が携帯電話を持ちました。当時、携帯電話の契約金が1台30万円もしましたので、ほとんどの人が持っていませんでした。実際に使ってみると、ホウ・レン・ソウが格段に早くなるため、全営業担当に携帯電話を持たせることにしました。携帯電話で共有した情報は、入札情報、見積もりの依頼、お客さまに関すること、など営業に関する情報でした。

❸ｉモード

次に活用したのは「ｉモード」です。ｉモードが世に出ると、営業担当の携帯をｉモード付きに買い換えました。その頃になると、本社の社員さんも携帯電話を所有するようになっていましたので、本社の社員さんの携帯電話を会社がｉモード付きに買い換えました。この時には、まだラッキーコールを吸い上げる仕組みはありませんでした。ｉモードは、情報共有と、意見交換のツールでした。

しかし、ｉモードには問題点がありました。当時、短い文章しか打てなかったため、細かな配慮の言葉が書けなかったのです。このため、内容によっては読んだ人が傷ついてしまいます。

❹ボイスメール

やがて、クレームをラッキーコールと位置づけて、積極的にクレームを集めるようになりました。その際に活用したのが「ボイスメール」です。

簡単にいうと声のEメールです。既存の電話や携帯電話を使って、音声を送受信する情報伝達ツールです。発信者は、サーバーのメールボックスに音声のメールを録音（送信）します。メールの通知を受け取った受信者は、サーバーのメールボックスにアクセスして声のメールを聞きます。発信者は、複数の相手に一斉に送信することができ、受信者は音声のメールに対して、音声の返信をすることもできます。

当社では、この仕組みを主にラッキーコールのホウ・レン・ソウに活用し、ミスやクレームの情報をみんなで共有しました。最盛期には、本社全員と現場のリーダー全員にＩＤを持たせていましたから、最大で78人がＩＤを持っていました。通話料は月１００万円ぐらいかかっていたと記憶しています。そこまでラッキーコールを集め・共有することにこだわったのです。

ボイスメールの良さは、一斉に78人に向かって話せることと、音声で情報を入力するため、細かなニュアンスが伝えられることです。事の重大性をみんなが共感できて重宝しました。

その半面、音声を全部聞かなければならないことから、四六時中、電話を聞いていました。また、一度に78人に話せて便利なのですが、相手の顔が見えないため、話し手の真意がきちんと伝わっているのかがわかりません。実際、伝わっている人もいれば、嫌々聞いていた人もいました。

　そこで、伝え方を情報によって変えることにしました。メールでやり取りをする環境が整ってきたこともあり、「こんな事件が発生しました。営業の○○さんが現場へ急行しています」という事実関係だけのホウ・レン・ソウは、簡便なメールを使うようになりました。

　一方、きちんと伝えたいことは、電話で直接話したり、みんなを集めて話したりするようにしました。

　本気で伝えたいなら、手間暇を惜しまず、一人ひとりと面談をして、相手の反応を見ながら、一人1時間かけて78回面談すべきです。たくさんの失敗をした結果、それがわかってきました。

●報告・連絡・相談ツールの変遷

草創期 → 現在

ポケットベル	・営業担当、業務担当、事務部長、現場のリーダーに配布 ・それまで、昼に一度、現場は本社に電話を入れて、ホウ・レン・ソウの確認をしていたが、何もないことが多かったため、本社からホウ・レン・ソウの必要がある時にポケットベルで呼び出す方式に変更
携帯電話	・中澤（当時部長）がまず所有し、営業部員に拡大 ・営業部員への連絡と営業部員内の情報共有に活用 ※営業が共有する情報とは、入札情報、見積もり依頼、顧客に関する情報
iモード	・本社の全社員の携帯をiモード付きに変更 ・本社内の情報共有をiモード（後にメールツールに移行）で行う
ボイスメール	・スマイルサポーターがホウ・レン・ソウのハブ機能を担う ・本社の全社員と現場のリーダー（キャップ）、協力会社にボイスメールのIDを配布 ・本社・現場リーダーの情報共有をボイスメールで行う
自社開発システム	・スマイルサポーターがホウ・レン・ソウ情報を一元管理 ・スマイルサポーターが本社の全社員にメール配信して情報を共有 ・本社内の情報共有を自社開発システムで行う

(2) 自社開発システム

こうした試行錯誤を糧に自社開発システムを開発しました。

それでは、自社開発システムについてマニュアルでご説明します。この仕組みの特色は、本社のスマイルサポーターさん（事務員）がハブ機能を担い、情報を一元管理し、電話とメールで情報を共有していく点です。

●クレーム情報管理システムの全体図

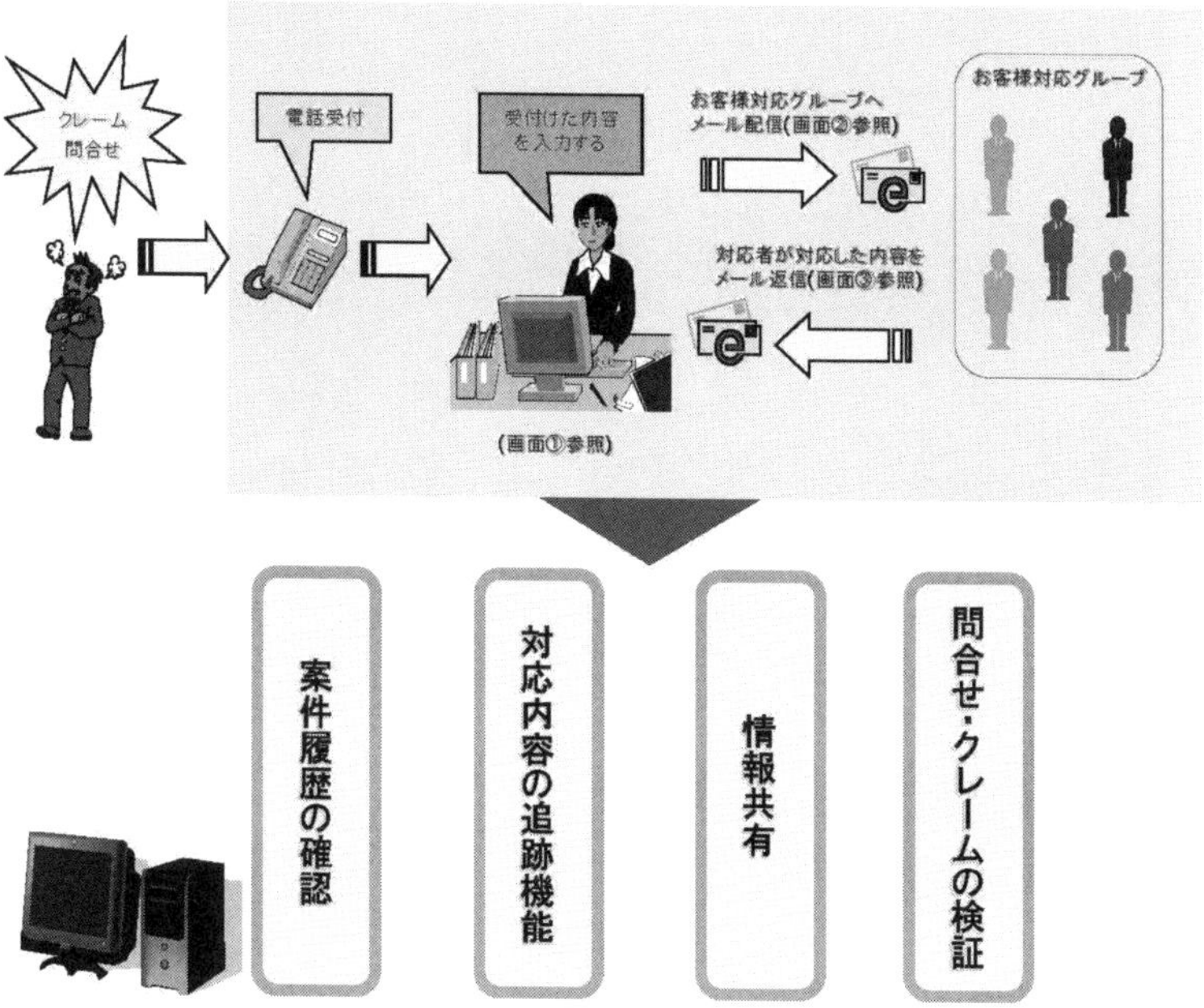

●**クレーム情報管理システムの画面構成**

ラッキーコール受付入力画面(画面①)

クレームを受けた内容を画面入力します。

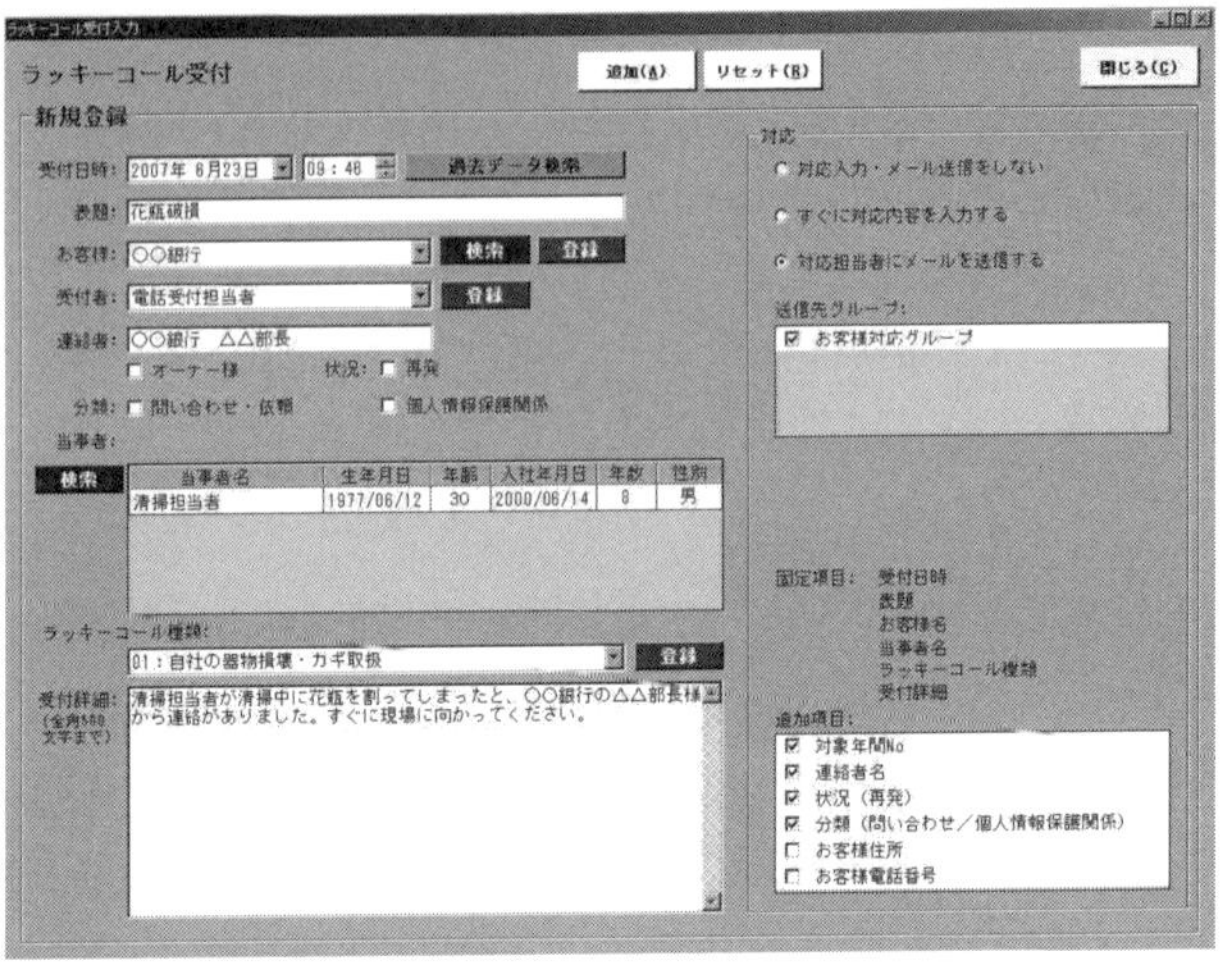

メール配信画面(画面②)

画面①で入力された内容がメールと対応内容返信用メールの2通が、お客様対応グループのメンバーの携帯電話に配信されます。

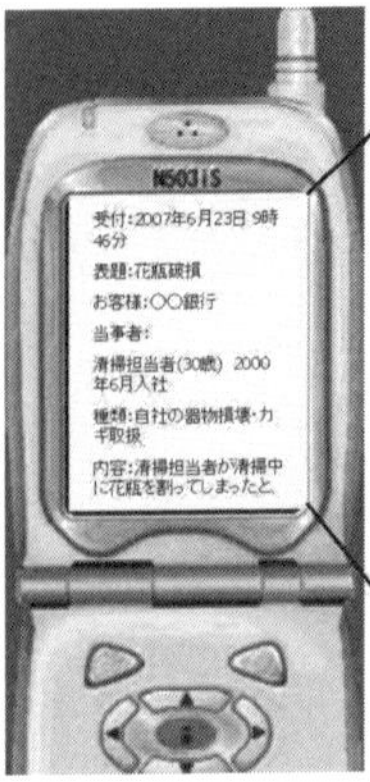

受付:2007年6月23日 9時46分

表題:花瓶破損

お客様:○○銀行

当事者:

清掃担当者(30歳) 2000年6月入社

種類:自社の器物損壊・カギ取扱

内容:清掃担当者が清掃中に花瓶を割ってしまったと、○○銀行の△△部長様から連絡がありました。

すぐに現場に向かってください。

年間No:102

連絡者:○○銀行 △△部長

状況:

分類:

クレーム内容確認用メール
(携帯画面拡大図)

表題:花瓶破損
受付:2007年6月23日 9時46分
お客様:○○銀行
受付ID:119
年間No:102
応対日時:
責任の有無(無=1):
時間(単位=時間):
車使用(単位=時間):
物品等:
金額(単位=円):
解決(済=1):
対処:
対応:

対応内容返信用メール
(携帯画面拡大図)

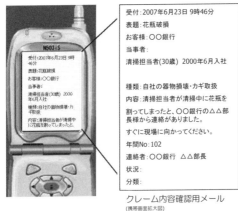

メール配信画面(画面③)

対応者は、お客様への対応終了後、内容を画面②の対応返信用メールで返信します。返信メールは、お客様対応グループのメンバー全員に送信されるので、リアルタイムの情報共有が可能です。

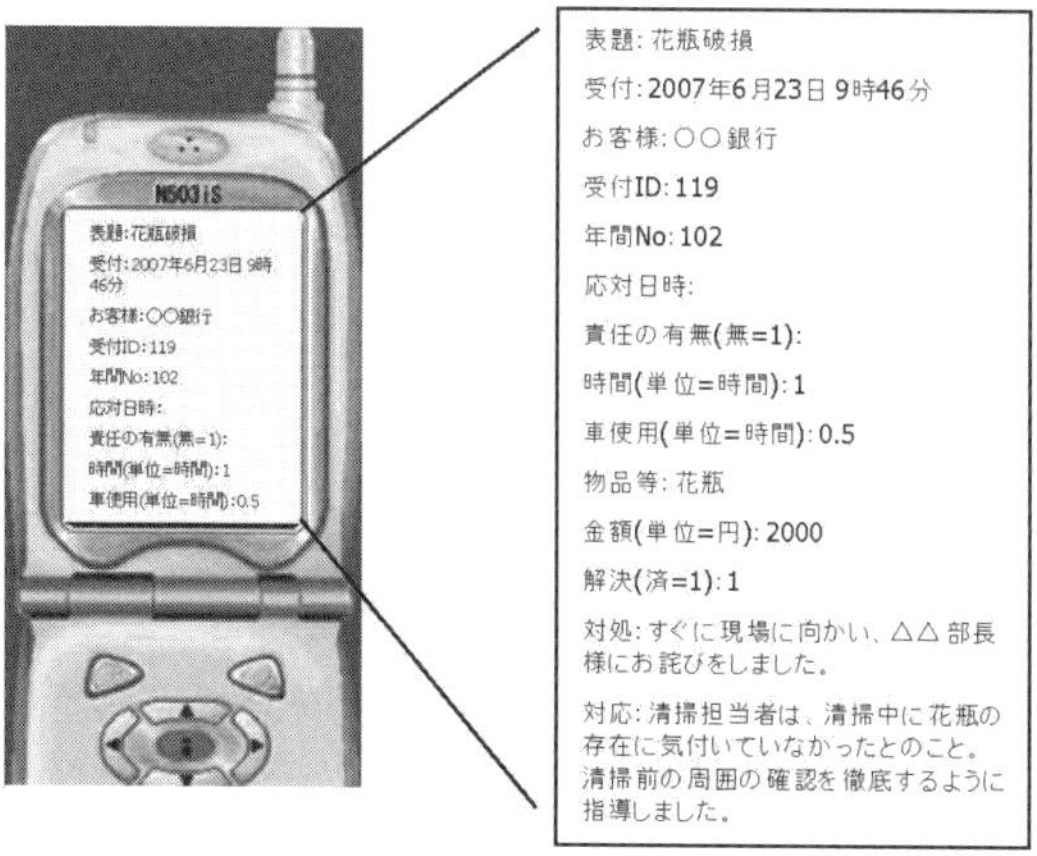

対応内容返信メール
(携帯画面拡大図)

クレーム対応入力画面(画面④)

画面③でメール配信した内容を下図のように画面で確認することが可能です。また、画面③の内容を、画面で入力することも可能です。電話を受付けた担当者が、電話対応のみで終了したクレーム対応時にご活用ください。対応した内容をお客様対応グループにメール配信することも可能です。

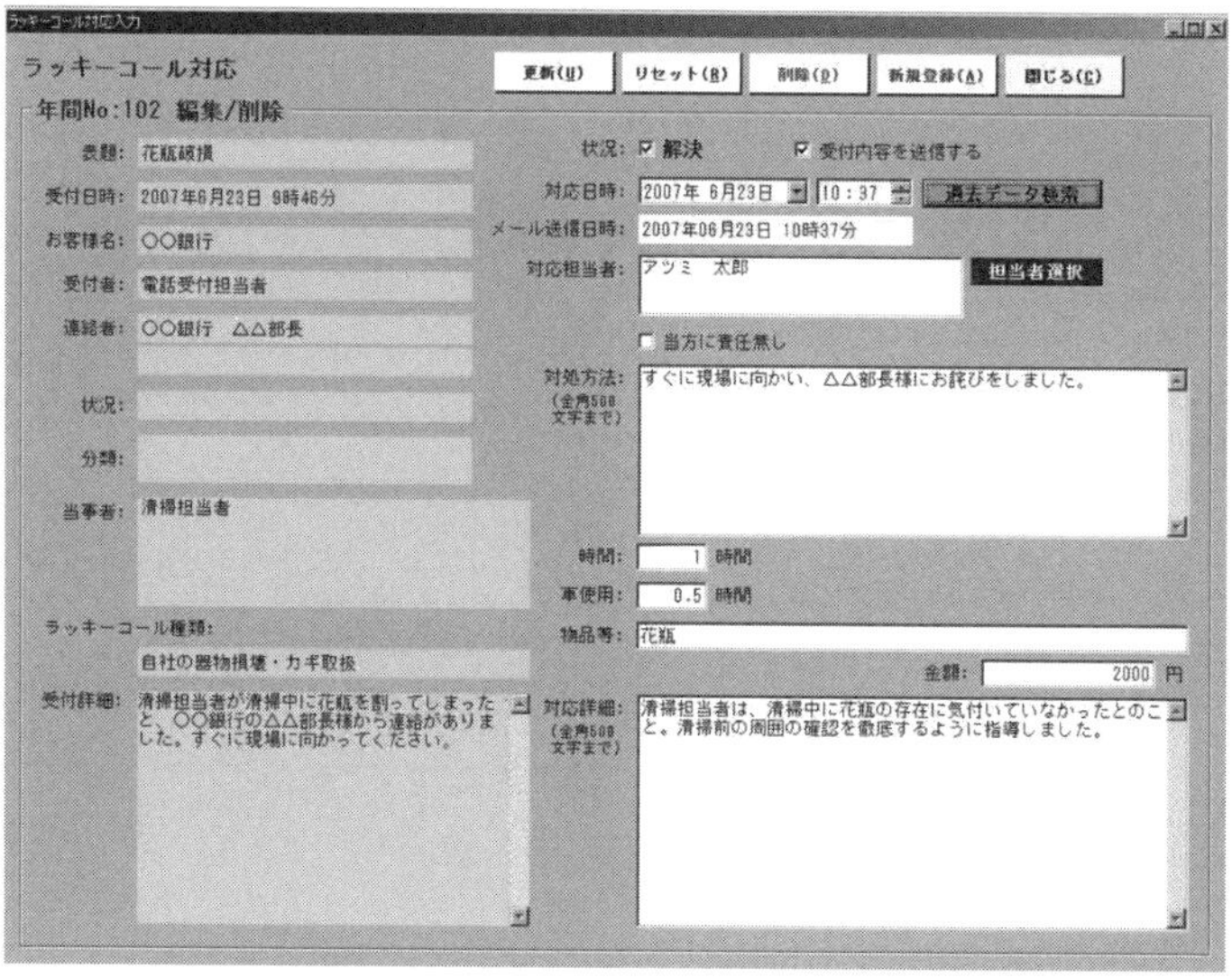

クレーム履歴参照画面(画面⑤)
　過去に起きたクレームの履歴を参照する画面です。年間Noのリンクをクリックすれば、詳細画面が表示されます。

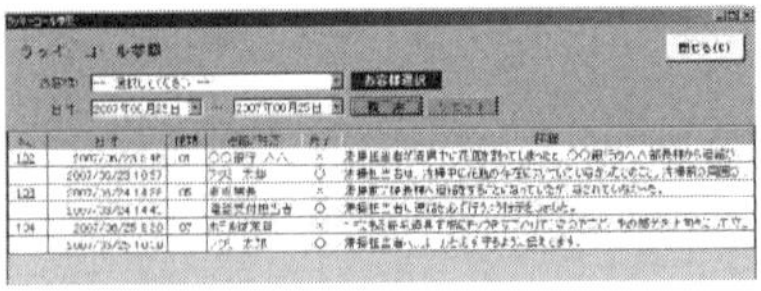

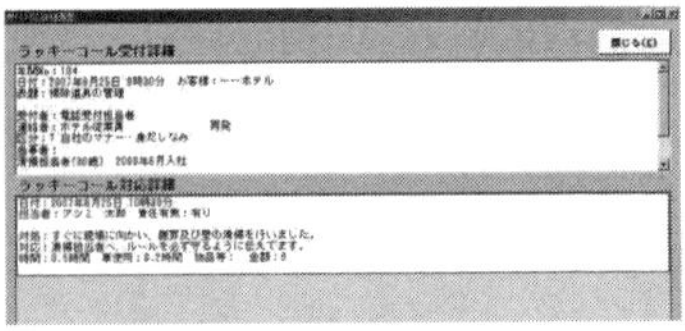

クレーム件数比較画面(画面⑥)
　年度及び月単位で、クレームの種類ごとの件数と金額の比較が可能です。

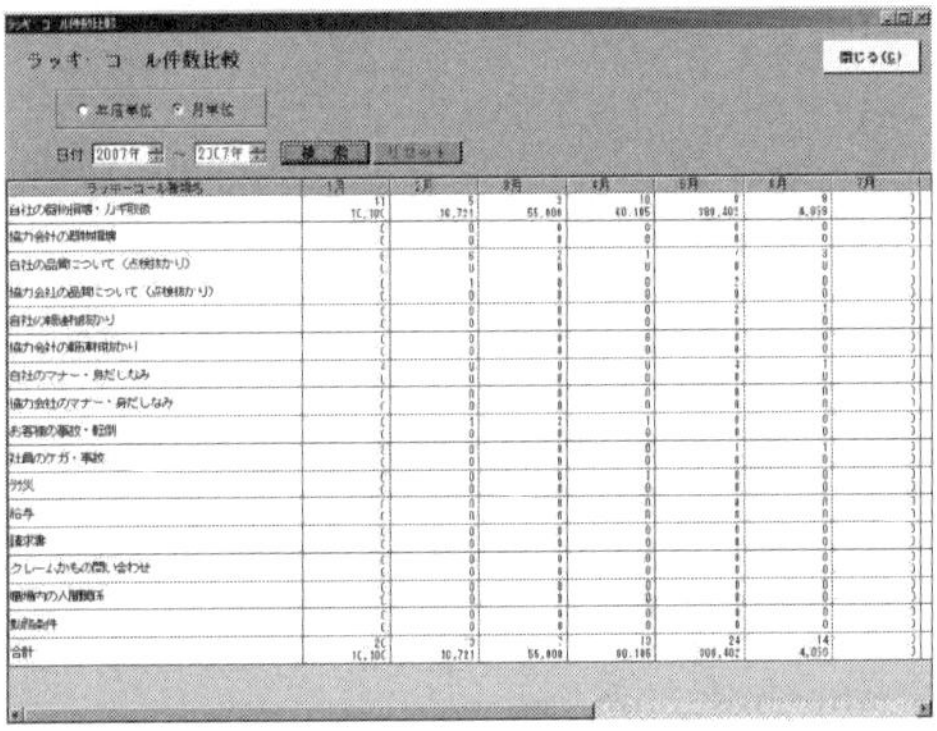

ラッキーコール受付・対応一覧表(画面⑦)
　ラッキーコール受付・対応状況を印刷することも可能です。

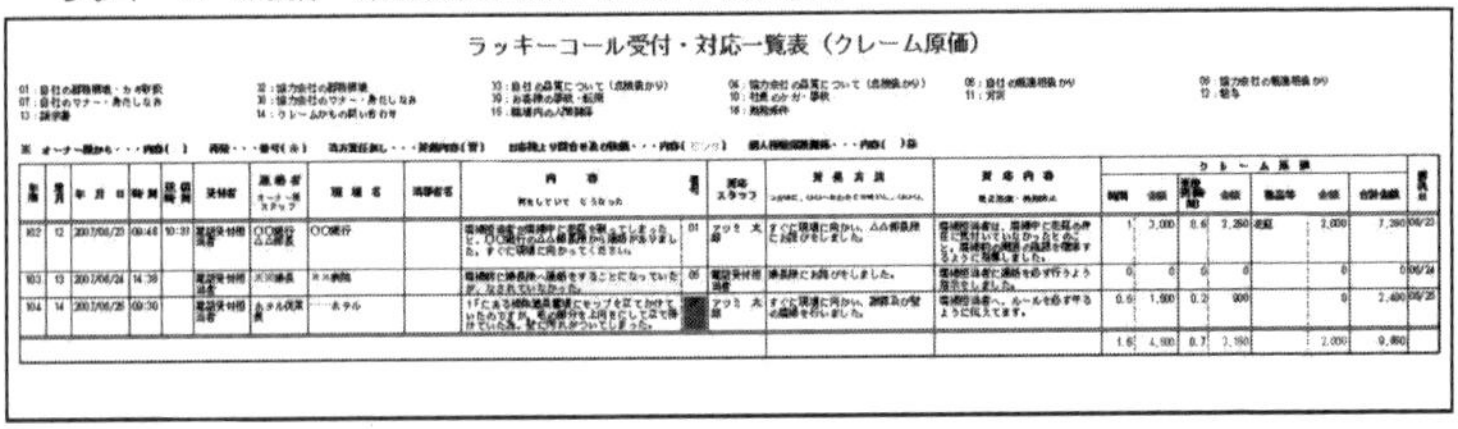

第三章 クレームは宝の山

1節 クレームは宝の山

(1) きっかけはある本との出合い

1999年のある日、運命的な出合いがありました。それは書店でたまたま手にとった本でした。何気なくパラパラめくっていたら、「クレームは宝の山」という言葉が目に飛び込んできました。

「あっ、これこれ、これでいこうや！」

直感的にそう思いました。その本には、クレームには会社をよくするヒントがたくさん隠れており、まさに宝の山であること、そしてクレームから逃げないで積極的に取り組めば必ずいい会社にすることができること、が書かれていました。

私は、すぐ、社内のすべての人に次のように宣言しました。

「四国管財は、これからクレームを宝の山にしていく」

「これからは、どんどんクレームを上げてもらって、それに誠心誠意対応していく」

これまでは、お客さまからのクレームはない方がいいと思っていたため、積極的にクレームを集めようなどとは、考えもしませんでした。むしろ、クレームがこないように、こないようにと願っていました。発生してしまったクレームに対しても、仕方なく対応していたのです。

それが、一冊の本との出合いによって180度、クレームに対する見方を変えることができました。「絶対にいい会社にする」という思いと、「クレームは宝の山」という考え方が直結したのです。私は、クレーム対応が差別化になると確信しました。

(2) 売上が3倍になる

「クレームは宝の山」宣言をして程なく、「これはいける！」と誰もが実感できる事件が起こりました。

それは、ある病院の事務長さんが交代した時のことです。新任の事務長さんから呼び出しがありました。行ってみると、すごいけんまくで「お前の会社は何をやっているんだ」などと厳しいお叱りを受けました。

ここまで厳しいお叱りは受けたことがなかったため、何が起こったのかと戸惑いました。しかし、よくよくお話を聞いてみると、指摘されたことはすべてもっともなことばかりでした。

例えば、給食の台車が通っているのに、掃除機のゴミフィルターをパタパタ叩いていたとか、

「ここがきれいになっていない」と注意したら「ここは清掃範囲にはいっていません」と言われたなど、どれもお客さまにしてみれば、もっともなご指摘でした。

私は、家事代行業を立ち上げた経験がありましたので、お客さまの要望に応えれば喜んでもらえることをわかっていました。清掃範囲外であっても、対応すべきだったのです。紋切り型の返答をしてしまったことで、お客さまが嫌な思いをしたことが容易に想像できました。

その日から、一カ月、一日に何度も呼び出され、厳しいお叱りを受け続けました。午前中にあったことを昼に叱られ、昼からのことを夕方に叱られ、翌朝は、前の日に気づいたことを叱られました。指摘された点については、すべて改善していきました。リーダーを替えたり、体制を変えたりもしました。

ここまで本音で叱ってくれるお客さまはなかなかいません。叱ってくれて有り難いと思いました。指摘されたことをすべて改善していけば、きっと会社はよくなると思い、クレームに対して誠実に向き合い続けました。

ひと月が過ぎたあたりから、お客さまの態度が変わってきました。呼び出されない日が増えてきたのです。しかし、呼び出されなくなると、逆に不安を感じました。そこで、呼び出されなくても、毎日、足を運んで「今日は何かありませんか？」と様子を伺うようになりました。すると、気づいたことを話してくださったり、「これどう思う？」と意見を求められたりもしました。私は、その方の隣に椅子を置いて、毎日、話を伺っていました。ほとんど雑談でしたが、当時は医療業界の内部事情に詳しくなかったため、大変勉強になりました。いつの間にか、当社を大変気に入ってくださったようでした。やがて、「お宅は警備の仕事もできるかい？」「駐車場もやってみるかい？」と言ってくださるようになりました。

実は、叱られていたのは、当社だけではなかったのです。駐車場や警備の仕事を委託していた会社に対しても、厳しく指摘していました。しかし、クレームに対して、誠実に対応し続けたのは当社だけだったそうです。

人は、一生懸命な人を評価するものです。その事務長さんは、事情があって3カ月後に病院を辞められましたが、その時には当社の売上は3倍になっていました。

この病院での経験を通じ、私は「クレームは宝の山である」ということを確信しました。お客さまは、クレームという形で「何を改善してほしいのか」を言ってくださいます。要望がハッキリ見えているのですから、クレームと真摯《しんし》に向き合い、それを全部改善していけば、お客さまに満足してもらえるわけです。

この事件は、「クレームに寄り添って誠実に対応すれば、会社の営業につながる」ことを教えてくれました。そして、何より大きな財産となったのは、営業の全員が「クレームは宝の山」だと実感できたことです。大事な価値観が共有できたのです。

2節　ラッキーコール

⑴ クレームはラッキー

四国管財では、クレームのことを「ラッキーコール」と呼んでいます。クレームをお客さまの満足につながるもの、会社を成長させるものだととらえれば、それは「ラッキー」だからです。

もう一つの理由はモチベーションです。例えば、朝一番に「クレームの電話がかかってきました」と言われたら、社員さんのモチベーションは下がってしまいます。言葉は大事です。クレームを「ラッキーコール」と呼ぶことで、みんなが元気よく対応したいという思いがあります。

実は、ラッキーコールというネーミングは、四国管財のオリジナルではありません。創業400年超の司牡丹酒造の竹村昭彦社長から聞いたネーミングでした。竹村さんは私の同級生で大の読書家です。クレームについて話をしていた時、「クレームをラッキーコールと称している会社があると本に書いてあった」と教えてくれました。「うちの会社もそう呼ぶことにしたいと思っている」とも言いました。

次の日、私は「クレーム電話をラッキーコールと呼ぶ」と社内にまたしても宣言しました。

(2) 始まりは社員さんからのラッキーコール

当社のラッキーコールは3種類あります。お客さまからのラッキーコール、地域の人からのラッキーコール、そして社員さんからのラッキーコールです（ホウ・レン・ソウとラッキーコールの関係は図表参照）。

当社では、社員さんも大切なお客さまだと考えており、社員さんからの不安、不満、悩みなどを訴える声も「ラッキーコール」と呼んでいます。実は、当社の「ラッキーコール」という仕組みは、社員さんの相談事、悩み、不満などを吸い上げる仕組みとして始まりました。

当時、いい会社にしようと決めてはみたものの、現実には、毎日のように社員さんが辞めていきました。何で辞めたのか、辞めた人に電話をしたり、その社員さんの知り合いに聞いたりして調べていくと、「給料が悪い」とか「別のもっといい仕事があった」とか、「いじめがあった」など、いろいろ問題があったことがわかりました。「これを直していかないと定着率は上がらないし、いい会社にもならない」と痛感し、まずは社員さんたちから不満を集めようと思ったのです。

社員さんからのラッキーコールを重要視したもう一つの理由は、社員さんの不安を取り除き、安心して働いてもらうためです。人は、不安があると、いきいき働けません。やりがいも感じられません。結果、持てる力を存分に発揮できないのです。これでは、いい会社になるわけがありません。まずは、社員さんに安心して働いてもらえるようにすることが何よりも優先すべきこと

●ホウ・レン・ソウ概念図

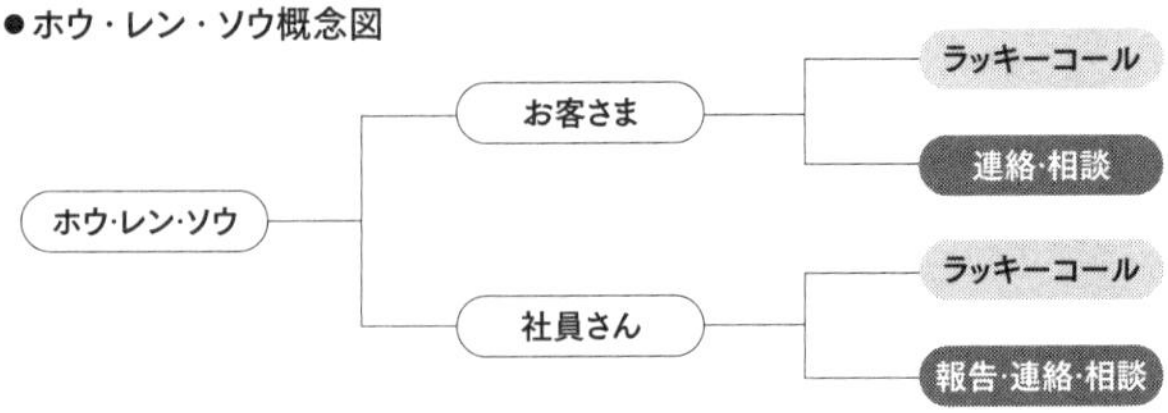

※「お客さま」の概念には、四国管財と取引のある「お客さま」のほか、地域社会の人々も含まれる。

●ホウ・レン・ソウの内容

対象者	分類	項目	内容
お客さま	・ラッキーコール	・苦情	・不平（怒りや悲しみなどで心が穏やかでない状態）
			・不満（満足できない状態。「不満」には、四国管財に対する期待が裏切られた場合の「不満」も入る）
		・クレーム	・改善要求（「四国管財ならこういう時どうする？」という漠然とした改善要求も含まれる）
			・現状回復要求
			・損害賠償要求
		・請求ミス	
		・お褒めの言葉	
		・感謝の言葉	
		・困り事の相談	
		・提案	
		・要望	
	・連絡・相談	・事務連絡	・作業日程の調整
			・見積もりの依頼
		・相談	・契約外の相談事
社員さん	・ラッキーコール	・苦情	
		・クレーム	
		・給与の計算ミス	
		・感謝の言葉	
		・相談	
		・労災連絡	・労災には、労災につながる背景がある。そこに改善すべき点がある
		・休暇申請	・社員さんが急に休む背景には、社内の人間関係や家庭内の事情など、何かが隠れていることが多いため、休みの連絡もラッキーコールにしている
	・報告・連絡・相談	・事務連絡	・資材の発注
			・出退勤連絡
			・残業申請

※苦情とは、「不平」、「不満」に起因する訴えをいう。
※一般的に、クレームは苦情と複合的に発生することが多い。

だったのです。ですから、「困ったことない？」「働きにくいと感じることがあれば何でも言っておいで」「何かあったら全部解決するよ」などと、何かにつけて社員さんに言い続けました。

3節　ラッキーコールの受付体制

(1) 最初は一人で24時間、365日体制

「クレームは宝の山」宣言をしたものの、クレームつまりラッキーコールに対応できる人はいなく、受け口となる組織もありませんでした。仕方なく、最初は私だけの一人組織でラッキーコールに対応することとなりました。当時はまだ携帯電話がほとんど普及していない時代でしたが、私はいち早く携帯電話を持ち、「とにかく全部、私に電話を回してくれ」と言って24時間、電話に対応していました。

幸か不幸か、私は睡眠時無呼吸症候群で、あまり熟睡できないこともあり、深夜でも電話が鳴ればすぐに目が覚めますから、「いつ寝ているの？」と言われるほど電話を受け続けました。

余談ですが、四国管財には、さまざまな企業の社長さんがベンチマーキングに来られます。勉強熱心で素晴らしいと思いますが、多くの社長さんはラッキーコールの話を聞くと、同じこ

とを自分の部下にやらせようとします。

私は、それではダメだと思います。まずは社長が自分でやってみることです。枕元に携帯を置いて「私がすべての相談を受けます」と言えばいいだけです。

(2) 営業担当と情報共有

私は、一人体制でラッキーコールを受けながら、営業部の経営幹部と情報をすべて共有していきました。経験を一緒に積んでもらうためです。

最初は、森下部長（現社長）と共有しました。森下さんがラッキーコールの相談を受けられるようになると、受け口を二人体制にしました。そうすると、社長である私より森下さんの方が言いやすいため、社員さんからのラッキーコールは徐々に森下さんにかかってくるようになりました。私には、森下さんでは解決が難しい問題が回ってきました。

このようにして、営業部内で相談に乗れる人を3人、4人と増やしていき、ついには営業全員がラッキーコールを受けられる体制を確立できました。

なぜ営業部から展開したのかというと、お客さまからのクレームが発生した時に、まっさきに謝罪に行くのが営業だからです。当社では、新規開拓といった営業活動をほとんどしていません。それでは営業は何をしているのかというと、お客さまからの見積もり依頼、相談事、苦情・クレームなど、お客さまに関することすべてと、社員さんからのラッキーコールを担当しています。

　そのなかでも重要なのはお客さまからのクレーム対応です。お客さまに言われたことを別の営業が知らなかったら、「そんなことも知らないのか」と、さらなるクレームになりかねません。クレーム情報は、営業部内でしっかり共有する必要がありました。

(3) スマイルサポーターさんとも情報共有

　こうして営業部でラッキーコールを受ける体制になりましたが、程なくして課題が見えてきました。

　ラッキーコールは、入り口を一本化しており、会社のフリーダイヤルにかかってきます。その電話を受けるのは事務部の社員さんたちです。彼女たちとクレーム情報を共有できていないと、お客さまから電話がかかってきた時、開口一番におわびが言えません。それどころか、対応によっては火に油を注ぐことになりかねません。

　そこで、主に会社の電話を受ける事務部の社員さんとも情報を共有して、ラッキーコールを受けられるようになってもらうことにしました。

　当社では、２００３年以降、事務部のグループを「スマイルサポーター」と呼んでいます。事務員さんよりスマイルサポーターの方が楽しそうだからです。ラッキーコールを含め、ホウ・レン・ソウで上がってきた情報は、スマイルサポーターさんが主体的に受けています。

うちの会社には造語がたくさんあります。業界用語では、現場の社員さんに伝わらないため、自分たちで伝わる言葉をつくっていたのです。例えば、不織布という魔法のタオルのようなものは、「サリーちゃん」と呼んでいました。「魔法使いサリー」です。どうせなら、楽しく仕事をしたかったのでサリーちゃんと命名しました。

スマイルサポーターという名称は、社内公募で決めました。笑顔でお客さまや社員さんをサポートしていく係なのでそう名づけました。社内では「スマサポ」と呼んでいます。この名称には「みんなで楽しく、がんばろうね」という思いが込められています。

クレームは、「すぐに上げてください」と言っても、社長や上司には上げにくいものです。悩み事や相談事はなおさらです。その点、スマイルサポーターさんは気安いですから、クレームの連絡、褒められたことの報告、困ったことの相談、とりとめのないグチ、不安、悩みなど、たくさん寄せられています。

社員さんには、機会がある度に「うれしかったこと、褒められたこと、物をいただいたこと、ついでにクレームも、とにかく思いついたことは全部スマイルサポーターさんに電話してきてね」と言っています。この「ついでに」と言うところがミソです。

(4) ラッキーコールにはチームで臨む

最終的にラッキーコールの受付体制は、第二章でご説明した「お客様係」にまで拡大しました。専任者はいなく、全員が兼務です。

ラッキーコールの受付体制をお客様係にまで拡大したことで、ラッキーコールに対してチームで臨めるようになりました。

(5) ラッキーコールを上げやすくする工夫

ラッキーコールには、お客さまからのもの、地域の人からのもの、社員さんからのものがありますが、85%は社員さんからのものです。

社員さんからのラッキーコールには、不安、不満、悩み、相談、苦情、クレーム、感謝、お客さまから褒められたことなどがあります。それらを主にスマイルサポーターさんが受けます。

「同じ社員さん同士で年齢も近いスマ

スマイルサポーターさん

イルサポーターさんが相談を受けることに抵抗を感じる人はいないのか」「相手が同僚では相談しにくいのでは？」などと思われるかもしれませんが、そうならないような工夫をしていました。

一つの工夫は、スマイルサポーターさんへの誘導活動を盛んにしたことです。「営業は、お客さまを訪問していたり、出張中だったりして連絡が取れないことがあるから、スマイルサポーターさんに電話してね。詳しい内容まで話さなくてもいいし秘密は必ず守るよ」などと、現場へ行った時や研修の時など、機会がある度に言い続けました。

もう一つの工夫は、スマイルサポーターさんと触れ合う機会を増やすようにしたことです。採用面接や新人研修にスマイルサポーターさんがかかわることで、新たに入社する人たちとスマイルサポーターさんとの関係づくりができるようにもしています。例えば3日間の新人研修の手配をスマイルサポーターさんが担い、ミーティングにも参加してもらうなどすることで、新入社員さんとスマイルサポーターさんが仲良くなる機会をつくっています。研修後に感想を聞くと、講師である経営陣に対する感想よりも「スマイルサポーターさんの感じが良かった」といった声を多く聞きます。

そして究極の工夫は採用です。スマイルサポーターさんは、ラッキーコールの窓口になるわけですから、「感じのいい人」でなければいけません。このため「感じのいい人」を集められるよう、採用に力を入れて、「この人たちが窓口であれば、話しやすく安心だと感じられる」

という素地をつくることにも努めました。

一方、お客様係というチームでラッキーコールに対応する以上、スマイルサポーターさんだけでなく、お客様係全員が「感じのいい人」でなければなりません。そこで社内アンケートを採ってメンテナンスをしていました。

現場で一緒に仕事をした方に「昨日、本社から作業に行った人は感じが良かったですか？」「きちんとあいさつできましたか？」などとアンケートを取りました。現場での様子は、現場で一緒に働いた人の声を聞かなければわからないものです。アンケートの結果は、「前回のあの現場で、とても感じが悪かったと聞いたよ」などと本人に伝えて注意しました。

(6) ラッキーコールは指名禁止

現場の社員さんからのラッキーコールは、会社として受けることを鉄則にしていました。「○○さんをお願いします」といった「指名」は禁止です。

例えば、現場の社員さんにしてみれば、お客さまの物品を壊してしまった場合、「できれば気心の知れている優しい社員さんに報告したい」と思うものです。しかし、社員さんを選んで報告することを認めてしまうと、報告を受けた社員さんが問題の重大性を判断できなかったり、意思決定能力がなかったりした場合、問題が大きくなってしまう恐れがあります。

実際に、クレームを起こした社員さんからの報告が上がってこなかった事例を紹介します。

クレームを引き起こした社員さんに「なぜきちんと報告しなかったのですか」と尋ねたところ、「私は○○さんに報告しました」と言いました。そこで報告を受けた社員さんに確認してみたところ、たしかに報告は受けていましたが、大した問題ではないと判断して、会社には報告をしなかったということがわかりました。

ホウ・レン・ソウは、情報が滞らないようにしなければいけません。特にラッキーコールは、会社として、迅速かつ的確に対処する必要があります。私は、社員さんたちに「問題は会社がすべて引き受けるので、全部お客様係にホウ・レン・ソウしてください」と周知徹底しました。

一方、社員さんからのラッキーコールには、ミスやクレームの報告だけでなく、社員さんの悩みや不満、グチ、相談なども含まれます。悩みやグチなどの場合は、話しやすい人に話したいものです。ですから、そうした電話の場合は、指名する人に電話を替わるようにしていました。

(7) 営業担当の採用と育成

営業担当者は、募集・採用することはありません。なぜなら、営業担当は、現場社員さんの不安や不満、悩みに寄り添い、相談に乗ることも仕事でもあり、現場を知っている必要があるからです。このため営業部員は、全員、現場経験者から起用しています。営業は、真冬のトイレ掃除の厳しさも体感し、社員さんの不安や不満、悩みについてもよく知っている人ばかりです。

営業部内の育成は、ＯＪＴ（On The Job Training）で行っています。当社では、ラッキーコールの情報をお客様係で共有していますが、これは生の教材であり、実際のラッキーコールから対処法を学ぶことができます。

学んだ後は実践です。実際に、ラッキーコールへの対応を任せます。上役が案件を選び、「このクレームは難しくなさそうだから、〇〇さん、クレーム解決デビューしますか？」というように任せていきます。任された者の緊張は大変なものがありますが、ロールプレーイングでわれわれが相手役を務めるなどしてデビューを後押しします。こうして難易度が高くない案件から始め、徐々に複雑な案件を任せていくことでラッキーコールにしっかり対応できる人材を一人ずつ増やしていきました。

4節　ラッキーコールのルート

(1) 社員さんからのルート

ミスやクレームについては、入り口を一本化して、電話だけで上げることになっています。

それ以外の不安や悩みや苦情などについては、電話だけでなく、さまざまな手段で上げられるようにしています。社長宛ての匿名の手紙もあれば、社長の携帯の留守番電話に入れる人もいました。

休暇届という用紙がありますが、その下にも社員さんがメッセージを書けるようにしていました。「子どもがちょっと悪いことばっかりして学校に呼ばれています」「娘が結婚式のために休みます」などと書いてきます。社内報へ掲載しても大丈夫なものは、社内報へアップします。

出勤表にもメッセージを書く欄がありました。メモや走り書きみたいなものが、いっぱい入ってきます。「先日は、ちょっとうれしかったです」とか「最近、ちょっとしんどいです」などいろいろ書いてきてくれます。

一筆箋にメッセージを書いてくる人もいます。匿名もＯＫです。匿名の場合、どこの誰かわかりませんが、四国管財に嫌な思いをしている人がいることはわかります。

われわれは匿名でもなんとなく誰かわかるものです。情報はホウ・レン・ソウで共有していますので、研修などの時に、「悩み事があったら言ってね、秘密は守るよ」などと、ちょっと言ってあげます。すると、こっそり電話が入ってくることがあります。そうは言っても、匿名より、名乗って具体的に言ってもらった方が、瞬時に解決できますから、なるべく名乗ってもらうようにしています。

資材の注文票にもメッセージを書く欄を設けていました。注文票に書いてくる人がけっこういましたので、わざわざ欄をつくりました。

　このように、いろいろ相談を上げるツールをつくっていますが、多いのは電話とかメールです。私は、個人の携帯電話番号や携帯メールアドレスも、社内報にアップしていましたので、個人の携帯にメッセージを入れてくれる人もいました。最近はＬＩＮＥ、フェイスブックもあります。何でもいいのです。ＳＮＳは３００人以上登録しています。

　会社を辞めた人からの相談もあります。「緊急に行ける歯医者はないか」とか、もはや何でも屋です。私は「頼まれ事は試され事」だと思っています。それは私だけではなく、いまの社長の森下さんや、営業部の人たちも、みんなそう思っています。彼らの携帯には、いろいろな悩み事がたくさんかかってきます。私はせっかちですけど、みんなは優しいので、何時間でも寄り添って聞いています。もちろんスマイルサポーターさんもそうしています。自分の業務より、ラッキーコールを優先しようと決めているので、業務を止めても電話を受けます。

　社員さんからのラッキーコール（ミスやクレーム以外）は、合計すると月１００件以上はありましたが、必ず全件フォローしていました。相手がわかる場合は、私が、手書きで返事を書いていました。最初の頃は、私がパソコンで打って、それをスマイルサポーターさんに見せて、正しい日本語に直してもらったうえで送っていましたが、「手書きのほうがいい」と言われたこともあり、手書きにしました。社長を退任するまで続けていましたから、５千通は書いたと思います。

社長を退任してからはやめましたが、返事を書くと、返事の返事がきます。すると、またそれに返事を書くと、さらに返事がきて、「誰か止めて！」という状態になります。しかし、それはそれでいいことだと思ってやっていました。

社員さんからのラッキーコールは、本人の許可のもと、社内報に掲載していました。会社にとって耳の痛い話ほど掲載しました。きれい事ばかりの社内報なんて見てもらえません。会社や社長がメチャクチャに言われていて、それに対して経営者が謝っているのを見るから、みんな気持ちがいいのです。だから、なるべく意識してそういう自虐ネタを掲載するようにしていました。

私は、「謝るのはリスクがある」とは思っていません。「謝ればメリットがある」と思っています。社長が正直に謝って、「次からこのように改善します」と言うから、社員さんたちも正直に何でも話してくれるようになるのだと思います。

なお、匿名のラッキーコールが手紙などで上がってきた場合は、誰に返答したらいいのかわかりませんから、社内報の1ページ目のトップ記事として取り上げ、「このようなお手紙をいただきましたが、どなたかわかりませんので紙面で会社としての考えをお伝えいたします。もし、よろしければ秘密は守りますので直接ご相談ください」などと、返答していました。

余談ですが、昔は、社内報をお客さまにも配っていました。そうすることで、お客さまも言いたいことを言っていただけるようになると思ったからです。苦情やクレームは大歓迎なことを身をもって示したのです。本気で会社をよくしたいという覚悟も示したかったのです。

(2) お客さまからのルート

お客さまからの「ラッキーコール」は、次の七つのルートで届きます。

❶オーナーからのクレーム電話
❷オーナー・ミーティング
❸クリーンアドバイザーによる定期巡回
❹イエローカード
❺ホームページへの書き込み
❻電話帳への掲載
❼社員さんへのお叱り

以下、順番に見ていきましょう。

❶オーナーからのクレーム電話

私はお客さまに対して、常に「何かあったら会社にご連絡ください」と言い続け、名刺に

「外出中でも100％対応いたします」と印刷し、さらに「24時間体制で対応致します」というハガキ（イエローカード）も作って配っていました。

実際、夜中にも電話がかかってきます。月3件ぐらいですが、社員さんからのものが多く、「おじいちゃんがいま倒れて、救急車を呼んでいるので、明日、仕事行けないかもしれません」といったものです。お客さまからの場合は、「水漏れして困っているのですが……」といった緊急対応を求める電話です。

このように、気合だけで「24時間365日対応します」と打ち出していたのですが、ある時、当社に愛情を持っているお客さまから「本当に24時間対応するのか？　うそじゃないのか。毎日、夜中の2時に電話するぞ」と突っ込まれたことがありました。これには半年悩みました。「じゃあ、18時間対応にしようか」などと考えたくらいです。

思いついたのは、外部の助けを借りて24時間対応にする方法でした。しかし、コールセンターに委託すれば月に8万円ほどのコストがかかってしまいます。深夜のお客さまからの電話は月3件ほどでしたから、そのために8万円をかけたら費用対効果が合いません。そこで、青年会議所の先輩で警備会社を経営している方に相談しました。その会社では24時間の機械警備をやっているため、夜勤で働いている方がいます。夜10時から朝6時までの間、四国管財にかかってきた電話を転送し、警備会社の方に対応してもらうようにできれば、超格安で24時間365日対応の仕組みが完成するというわけです。

警備会社の方には、電話が鳴ったら「四国管財24時間コールセンターです」と言って電話を取り、相手の名前と電話番号だけを確認してもらいます。そして電話を切ったら、すぐ四国管財の担当に電話をかけてもらうのです。

電話を受けた担当は、すぐにお客さまに折り返しの電話をかけます。電話の内容次第では管理職全員に電話をかけてたたき起こし、みんなでお客さまのもとにはせ参じることもあります。

ちなみに、万が一担当が熟睡していて起きられなかった場合は、私から順にたたき起こすことになっていました。私は、睡眠障害で眠りが浅いので、すぐ電話に出られます。この十数年間、私が深夜の電話に出なかったことは一度もありません。

❷オーナー・ミーティング

当社の営業担当は、定期的にお客さまのもとを訪問し、ご意見を伺っています。これを「オーナー・ミーティング」と呼んでいます。

オーナー・ミーティングを実施するようになったきっかけは、お客さまである病院からの「担当者がきれいに掃除してくれない」「言ったことをやってもらえない」というクレームでした。私は現場を担当している社員さんに「何か困っていることはありませんか？」と探りを入れてみました。すると、新人の看護師さんから「明日から5階の階段も掃除してください」「もっと朝早く来てもらえませんか」などと指示されて困っていることがわかりました。

われわれは病院の総務部と契約を結び、契約した業務内容は一覧表にして日々管理しています。看護師さんの当社の社員さんへの指示は、契約外のものでした。社員さんは、契約どおりの業務を遂行していたにもかかわらず、注意を受けたことで困惑していました。一方、看護師さんは「言ったことをやってもらえない」とご立腹でした。

このギャップを解消するために、私は急いでおわびに伺いました。まずは看護師さんのご意見やご要望をじっくりお伺いし、そのうえで「実はこのような契約内容になっておりまして……」とご説明しました。それを聞いた看護師さんは「そうだったのですか」とすっかり恐縮してしまいました。私は、「5階の掃除もご希望なのですね。それでしたら、そこの掃除もさせていただきます」と言いました。どういうことかというと、四国管財では掃除の見積もりを平方メートル単位ではなく分単位で出していたからです。

例えば、その病院との契約が1日180分だとすれば、180分の範囲なら、掃除する場所を変えても構わないのです。そのことをご説明し、「30分かかるトイレ清掃を追加されるのでしたら、めったに人が通らない裏階段の掃除は月に1回でいかがでしょうか」などと、契約時間内に収まるように交渉することができるのです。

お客さまに、腹立たしく思っていることを全部吐き出していただき、ご要望にお応えしながらも、自分たちの権利をしっかり守るためには、このような丁寧な話し合いが必要です。このクレームをきっかけに、仕組み化したのが「オーナー・ミーティング」です。

オーナー・ミーティングは、お客さまの規模や契約内容に合わせて、大きい現場では月1回、小さい現場でも数カ月に1回ペースで、実施しています。四国管財からの出席者は営業と現場のリーダー、そして現場で掃除を担当している社員さんです。現場担当者には、お客さまからのご要望がない限り、原則として出席してもらっています。現場担当者は、最もお客さまにとって身近な存在であり、お客さまからの苦情や要望をすべて聞ける存在であることが理想だからです。

実は、オーナー・ミーティングを始めた当初はお客さまからあまり歓迎されませんでした。日々の業務でみなさんお忙しいなか、清掃会社のためにわざわざ時間を取ってもらうのは簡単なことではないのです。

なんとか時間を取っていただきたいと必死に考えて思いついたのが「大事な会議の前の5分間ミーティング」です。例えば病院であれば「看護師長会」など、毎月必ず行っている大事な会議があるものです。「看護師長会の前に5分間だけ、お時間をいただけませんか」などとお願いすることで、確実に時間を取ってもらえるようになりました。

一度でもオーナー・ミーティングの実施にこぎつけられれば、お客さまにとって有益なミーティングであることをご理解いただけます。お客さまは四国管財に要望を自由に言うことができますし、われわれはそのご要望にすべて対応し改善するからです。お客さまと四国管財にとってオーナー・ミーティングはなくてはならないものなのです。

❸クリーンアドバイザーによる定期巡回

オーナー・ミーティングは、複数の社員さんが働いているような相対的に規模の大きな現場で行うものです。社員さん一人で担当する小規模な現場では「クリーンアドバイザー」が定期巡回し、お客さまのご意見を伺う仕組みにしています。

クリーンアドバイザーの導入当初は、巡回専門の女性スタッフを雇っていました。しかし現場経験のないクリーンアドバイザーでは、現場の社員さんに注意した時などに「掃除も経験していない人に何がわかる」と反発されることになりがちです。また、お客さまから「この汚れはどうしたらいいと思いますか？」などと相談された時などに、掃除の実務経験がないために答えられない場面がありました。

そこで、クリーンアドバイザーは現場のリーダーや本社のベテラン社員さんが交代で担当することにしました。例えば、ある病院のリーダーが銀行の支店を回るなど、別の現場のリーダーが巡回の日だけスーツを着用して「クリーンアドバイザー」になるのです。この仕組みを導入したことで、クリーンアドバイザーがお客さまの相談に乗れるようになり、現場へのアドバイスも説得力が高まりました。日頃現場に立っているだけあって、「〇〇さん、支店長が褒めていましたよ」「とてもきれいに掃除できていますね。びっくりしました。ただ、ここはもう少し丁寧にお願いします」といった言葉が現場の社員さんの心に響きます。

なお、お客さまからお話を伺うのは、営業担当者やクリーンアドバイザーだけではありません。例えばワックスがけ作業であれば、その作業担当者もお客さまに「何かお気付きのことはございませんか」「お困り事はありませんか」「当社の従業員はきちんと対応できていますか」などと尋ねるようにしていました。四国管財では、誰がどのような用件で伺っても、必ずお客さまの声を聴くようにしているのです。

❹イエローカード

お客さまからの声を集めるために、四国管財の社長宛てに直接届く「イエローカード」というハガキを作りました。例えばワックスがけなどの作業を行ったら、担当者はお客さまの机の上に作業報告書とイエローカードを置いて帰ります。イエローカードは、切手を貼らなくても投函《とうかん》できるようにしてあります。

しかし、四国管財では、常日頃から、電話で何でも言っていただける関係をお客さまと築いてありますから、イエローカードは月に5枚ほどしか送られてきません。それでも、できるだけ多くお客さまの声を集められるようにイエローカードを継続しています。

❺ホームページへの書き込み

お客さまは、何かご意見・ご要望があれば四国管財のホームページに書き込んでいただくこともできます。もっとも、これについても電話でいつでもクレームを言っていただけるため、ホームページへの書き込みは過去に20件ほどしかありません。

記憶に残っている書き込みは、「四国管財の社員の運転が乱暴で、危うく交差点で事故を起こすところだった」というものです。すぐメールで返信し、どのような車だったのかを確認したところ、別の会社の車だということがわかり本件は落着しました。

「工事の音がうるさい」というクレームをいただいたこともありました。調べてみると、託児所（当社所有）の工事を委託した会社が、託児所が閉まった後の遅い時間帯に工事をしていた

イエローカード

ことがわかりました。本件はすぐに深夜の工事を止めてもらい、工事時間を変更しました。清掃現場のビルの方からのクレームもありました。「先ほど、トイレで四国管財の社員とぶつかりそうになりました。『あっ、びっくりした』と言われましたが、謝るべきではないですか」という書き込みでした。差出人は「〇〇ビル住人」とだけ書いてありました。すぐに現場のリーダーさんに電話して確認したところ、心当たりのある社員さんがいることがわかりました。すぐに注意をするとともに、当社の社内報にそのクレームについて掲載しました。当時、社内報はお客さまにも配布していましたので、社内報を通じて、書き込んだ方にも当社の取り組みが伝わったのではないかと思います。

❻電話帳への掲載

四国管財では、電話帳広告に「24時間クレーム受付専用電話番号」を掲載していました。過去、電話帳を調べてクレームを言ってきた方はほとんどいませんから、費用対効果を考えればこれは無駄ということになります。しかし、できるだけ幅広いチャンネルを駆使し、積極的にクレームを集めようとする姿勢が重要なのだと思います。「クレームは宝の山」です。私はすべての高知県民からクレームを言ってほしいと思っていました。

❼社員さんへのお叱り

お客さまが、直接社員さんにクレームを言うケースもあります。その情報は、電話で平均5分以内に本社に上げられ、連絡を受けた営業は3分以内に出動し、一番遠い場所でも2時間半以内に現地に到着して謝罪することになっていました。

5節 ラッキーコールの共有

(1) ラッキーコールのフロー

現場からのラッキーコールは、電話で上がってきます。かかってきたラッキーコールはお客様係が受けています。誰でも電話に出るようにしていますが、私を含めて営業は取るのが遅いため、スマイルサポーターさんがほとんど取っていました。もちろん私が電話を取ったら、そのまま内容を聞き取ります。しかし、スマイルサポーターさんの方が言いやすいのか、たとえ私が電話を取っても、「スマイルサポーターさんに替わってください」と言われることがありました。社員さんからの電話が、直接営業の携帯電話にかかってくることもあります。

スマイルサポーターさんは、どういう案件は誰が解決できるのかを熟知していますので、社員さんからの電話を切った後、「この件は営業の○○さんお願いします」と本人に言い、その営業はすぐ社員さんに電話をかけます。

対応すべき人が会社にいない場合は、社員さんからの電話を切った後、スマイルサポーターさんが対応すべき人に電話をかけます。しかし、その人がすぐ対応できない場合もあります。その場合はホウ・レン・ソウで、代わりの人が聞いてフォローします。

スマイルサポーターさんは、ラッキーコールの内容を自社開発システムに入力して、それを対応する人はもちろん、本社の全社員にも自社開発システムで配信します。内容によって、ちょっと秘密にした方がいいものは、管理職だけに飛ばします。直近の配信メールをご紹介しますと、「お客さまからのお歳暮でジャムをもらいました」という連絡が上がっています。これもラッキーコールの一つです。

現場の担当者に直接システム入力をしてもらうことも考えましたが、時間がかかりますし、文章が長くなります。それならエキスパートをつくって、その人たちに入力してもらった方がいいと思ったのです。こうして、現場の社員さんには電話で説明してもらい、それをスマイルサポーターさんが時系列順に整理した上で、簡潔な文章にして配信するスタイルにしました。

ホウ・レン・ソウは完了報告が重要ですが、実は中間報告も大切です。「事件が発生しました。誰々さんが行きました。夕方、解決しました」ではなく「Aさんが向かっています」「Aさんが行っても、無理だったので、Bさんにも連絡を取っています」というやり取りをスマイルサポーターさんが自社開発システムに、逐次入力して、情報共有すべき社員さんのメールアドレスにライブ配信していきます。第一報、第二報、第三報と入っていきます。1件の案件で何回もメールが配信されます。

その日に解決できないときもあります。例えば、「花瓶を割ってしまいました」という場合、「新しい花瓶を発注しました」さらに「1週間後に、おわびに行って納品しました」までで完結です。解決するまで、しつこく全部追いかけていきます。そのプロセスがライブ配信されていきます。当社ではそのプロセスが教育になっています。わざわざ人を集めて研修しなくても、プロセスを共有することで学習はできます。

❶（連絡）

・現場社員が会社のフリーダイヤルへ架電

※現場社員が担当者の携帯電話に架電するケースもある。

❷（連絡・記録）

・スマイルサポーターが担当する営業に連絡（携帯電話活用）

・スマイルサポーターが自社開発システムに入力（記録）

※担当者が現場社員からの電話を受けた場合は、スマイルサポーターに情報を入力してもらう。

・スマイルサポーターは、本社全員に情報配信・共有

❸（対応）

・担当する営業部員もしくは、担当した業務部の主任やリーダーが現場へ急行

❹（対処）

・クレーム対処・解決

❺（報告）

・対処した営業部員等がスマイルサポーターへ架電

・解決情報を報告

❻（報告・記録）

・スマイルサポーターは解決情報を自社開発システムに入力（記録）

・スマイルサポーターは、本社全員に情報配信・共有

❼（報告）

・対処した営業部員が当該社員の携帯電話もしくは自宅へ架電

・解決した旨をフィードバック

❽（研修）

・社内報や各種研修の際に事例研究

●現場からのラッキーコールの流れ

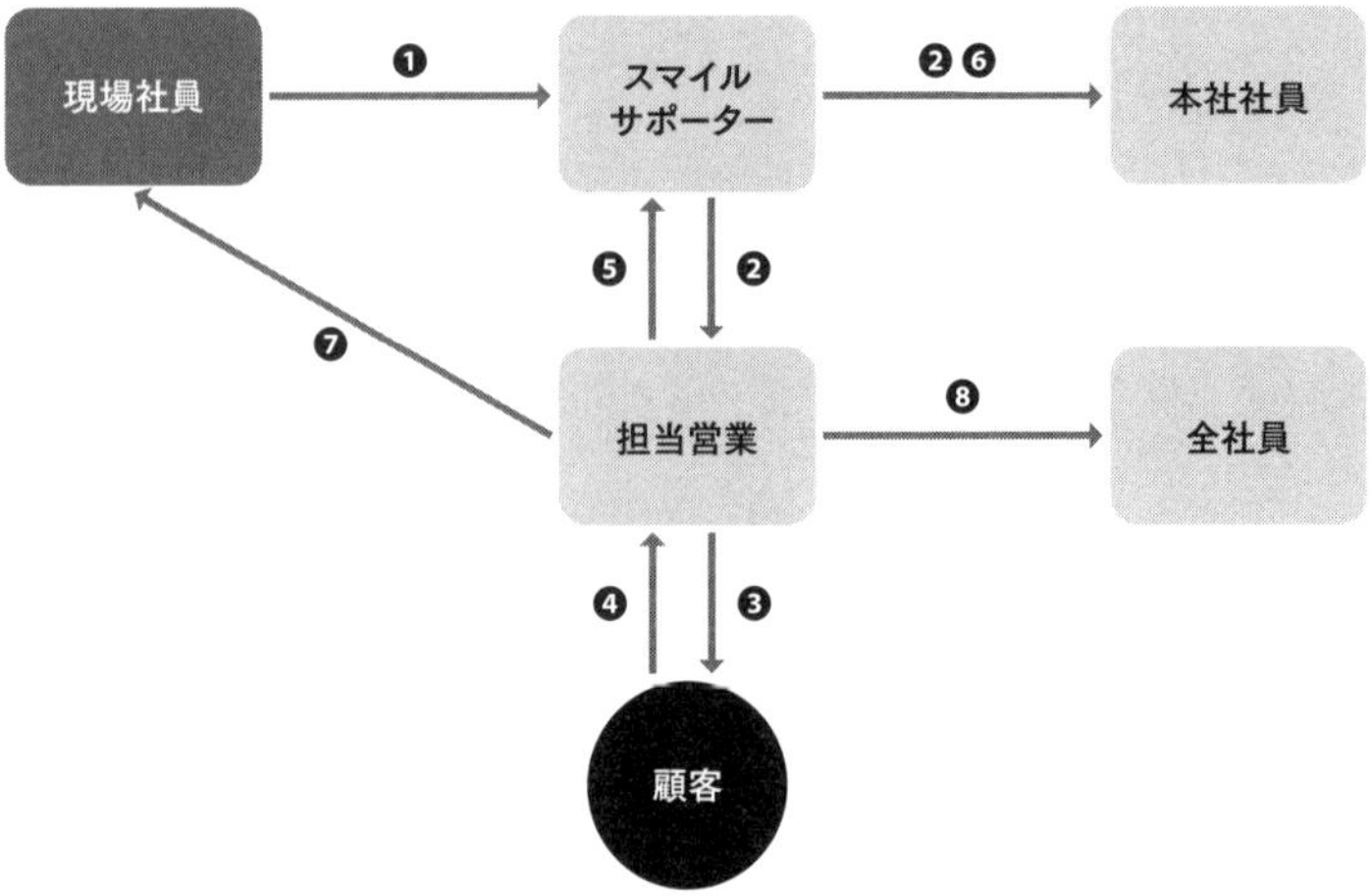

(2) ラッキーコールを配信するねらい

ラッキーコールを配信するねらいは、情報共有と社員教育だけではありません。もう一つのねらいは経験と知恵の共有です。

自社開発システムでは、配信を受けた社員さんが、グループチャットのように、その配信に参加することができます。それを使えば、「実は、私も以前に同様のトラブルがあって……」などと自分の経験や知恵を開示して、どうすればトラブルを防げるのかをみんなで考えることができます。

(3) 褒められたことも共有する

お客さまからお褒めの言葉をいただくことがあります。これもラッキーコールです。例えば、ある時、次のようなメールを受け取りました。

「四国管財の名前入りのユニホームを着た人が部屋を掃除していましたが、何か用事を思い出したようで、部屋の電気を消すと部屋を出て行きました。1分ほどすると戻ってきて、また掃除を始めました。たった1分のことなのに、きちんと部屋の電気を消して部屋を出て行くところに、四国管財さんの姿勢が見えました。その人は、私が見ていたことを知るよしもありません。誰かが見ているかどうかにかかわらず、きちんと対応する姿勢は素晴らしいと思います」

このメールの内容は、すぐに関係する社員さんと共有し、当該の社員さんには社長賞を授与することにしました。私は、よく社員さんに「地域が見てくれているよ」と言っています。テレビでコマーシャルを流さなくても、信号待ちをしている時の車内での姿や、コンビニエンスストアで買い物をしている時の姿、ビルのガラスを拭いている姿など、私たち一人ひとりの姿が究極の営業活動だと思っています。

6節　ラッキーコールの対処ルール

(1) 5分、3分、2時間半

当社では、ミスやクレームへの対応は、「5分、3分、2時間半」で行うことを原則にしています。

❶ミスやクレームを起こした場合、社員さんは「5分以内」に本社のお客様係に電話をかけて自己申告をします。

❷電話を受けたスマイルサポーターさんは、ミスやクレームの内容を自社開発システムに入力し、対応を行う営業担当者に連絡します。営業担当者は何はさておき、現場へ出動します。この間が「3分以内」です。

❸営業担当者は、ミスやクレームの発生から、遠い場所でも「2時間半以内」に現場に到着します。

これがミスやクレーム対応の原則です。重要なのは、何をおいても現場に急行することです。

昔、遠方の現場で、社員さんがお客さまの灰皿を割ってしまった事故がありました。急いでおわびに伺ったのですが、お客さまにあきれられました。

「いつもようやってくれてありがとう。で、何しに来たの?」

「うちの社員が灰皿を割ってしまったらしくて」
「灰皿？　灰皿もいいけど何しに来たの？　値上げ？」
「いやいや、灰皿を割ってしまったのでおわびに」
「それだけの理由で、高知市から来たんか？」

いまでこそ、当社の文化になっている「5分、3分、2時間半のルール」ですが、かつては「いま行ったら忙しいんじゃないか」などと、いろいろ「行かない理由」をつけて、みんな行きたがりませんでした。例えば一番遠い現場までは片道2時間半かかりますが、「遠いから行けません」という理由はうちの都合です。それを理由にするなら遠方の仕事は受けるべきではありません。

私は「取りあえず行こうよ」と、みんなにお願いし続けました。すると、変化がありました。実際、勇気を出して足を運んでみると、ちゃんと感動のご褒美があったからです。現場に急行した人にしかわからないご褒美です。それは、「信頼関係」という感動の物語です。いまでは、みんながそれを体験していますので、現場に急行することをおっくうがる人はいません。

なお、おわびに行く時は、原則、アポイントの電話はしません。「いまからおわびに行きますけど、ご都合はいかがでしょうか」と聞いたら、「来なくていい」と言われるからです。それに「本音は行きたくないから、電話してきたんじゃないか」と勘ぐられても嫌なのでアポイントの電話はしません。

また、おわびをする時は、決して弁解はしません。必要以上に謝ることもしません。「すみません。ごめんなさい」と誠心誠意おわびするだけです。「二度としません」とは言いません（言えません）。一生懸命にきれいにしようとしたら、二度も三度もミスをするからです。それに、お客さまに「二度としません」と言ったら、社員さんにも「二度としたらいかんよ」と言わなければなりません。そんなことを言ったら、社員さんはミスを隠すようになります。その瞬間にホウ・レン・ソウは機能しなくなります。

(2) 当事者には謝らせない

当社では、原則として、ミスやクレームを引き起こした当事者に謝らせることはしません。当事者が謝るのは、けっこうしんどいからです。しんどいことをさせると、ミスを隠すようになります。ですから、報告を受けたわれわれは「大丈夫、大丈夫だから。あとはやっとくから」と言ってあげます。必要がある場合は、本人にその場にいてもらいますが、ほとんどの場合、「時間のこともあるから、今日はもう帰っていいよ」と帰らせます。

ただし、「どうする？　自分から言うかい？」と聞くようにはしています。なぜなら、お客さまと社員さんとの関係性があるからです。もし、「すごく心安い関係なので、自分で言います」という場合なら、本人からお客さまにミスの第一報を入れてもらいます。しかし、その場合であっても、必ず営業が訪問しておわびをするようにしていました。事故の大小を問わず、営業は必ず駆けつけます。「今日は、こんなことがあってすみません」「もうええよ、報告は受けているから、ありがとう」という会話になるだけですが、お客さまとの信頼関係は確実に深まります。

コラム

壁を傷つけた感動の物語

　ある銀行の支店での話です。当社の社員さんが扉をきれいにしようとして、ゴシゴシこすっているうちに表面材を剝がしてしまいました。その社員さんは半泣きで本社に電話をかけてきました。

　扉を傷つけてしまった社員さんは、お客さまからとてもよくしてもらっていたようです。駆けつけた営業が、支店長に「すみません。ここをちょっと傷付けたようです」と話すと、

「どこやねん」

「いやいや、ここです」

「そんなん、もともと傷だらけやないか。どれが新しい傷かなんてわからへん。それより、あの人はめちゃくちゃいい人やから、絶対に叱らんといてね。いままでの人のなかで、一番いい人やから、よろしく言っといてね。全然気にせんでいいからと言っといてね」

と言われました。このやり取りを後から本人に伝えたところ、その社員さんは感動の涙で言葉になりませんでした。

　こうした感動のエピソードは、社内報や研修などで、社員全員が共有します。そうすることで、クレームを正直に自己申告すると、お客さまから喜ばれ、感動の物語になることがわかってもらえます。

(3) 原因分析は後の後

ミスやクレームが起こった時に、一番先にしなければいけないことは、問題への対処です。「誰がどう対処するか」に集中します。原因分析や改善を考えるのは後の後です。かつては、事件が起こると「お前がいかん」などと、すぐ人のせいにしていましたが、それでは肝心な事件への対処が遅れてしまいます。

クレーム対応の目的は明確です。いま起こっている事件を解決して、お客さまと社員さんを助けることです。それは会社を助けることにもなります。

これは、当社を取り上げてくれたテレビ番組で解説者が話していたことですが、イギリスの海兵隊には、緊急時の危機管理の鉄則があるそうです。鉄則で一番重要なことは、現状を把握することだけに集中して急いで対処することで、絶対にやってはいけないことは原因の究明と責任の追及だそうです。当社は、いままでの苦い経験から、そうしていました。

クレームへの対処が一段落したら、その事例は教育・研修の材料にして、みんなで学び合います。一般的に、ミスやクレームを題材にして研修すると、原因分析に偏りがちです。しかし、それをすると、特定の人の責任追及に陥ります。そうなると「うまくいかないのは、あいつが悪いからだ」「あいつがこういう風土をつくっている」「社長を替えなきゃダメだ」などと、悪口や不平不満の大会になってしまい、雰囲気も悪くなります。ひいては、批判されたくないためにクレームを上げてくれなくなる恐れもあります。結果、いつまでたっても会社はよくなりません。

当社の場合、9節で述べるように、すべてのミスやクレームの責任は会社にあります。それはすべて社長の責任であり、悪いのは社長であることを、みんながわかっていました。上司も、社長に選ばれて一生懸命にやっているだけです。

「犯人はすべて社長」という結論が出ていますので、犯人捜しや責任追及になりようがありません。ですから、研修の場では、ミスに関与した当事者を含め、みんなが客観的に「どうしたら再発を防げるか」に焦点を当てて話し合うことができるのです。こうした背景も、ミスやクレームを自己申告しやすくしているのだと思います。

(4) お客さまへのフォロー

クレームを言ってくださったお客さまに対しては、まず謝罪に伺って現状を把握します。その後、改めて改善策をお伝えしに伺います。

クレームのなかには、他社のミスを四国管財のせいだと勘違いされているケースもあります。明らかに他社のミスである場合は、「恐れ入りますが、これは弊社が起こしたものではないようです」とお伝えしますが、確証がない場合はすべて当社が責任を負うと決めていました。

クレームを言ってくださったお客さまについては「いい意味での要注意先」とし、オーナー・ミーティングやクリーンアドバイザーの訪問頻度を上げたり、上席者が訪問したりしました。同時に、現場の社員さんが契約した内容の掃除をきちんとしているか、抜き打ちチェックなどで確認するようにもしていました。

「ピンチはチャンス」といいますが、クレームが発生すると、お客さまは四国管財に注目してくださいます。そこでしっかり対応できれば、お客さまの信頼を得られ、いままで以上に信頼関係が深まります。

コラム

記念の品を破損

以前、得意先である銀行さんの野球部のみなさんが都市対抗野球大会に出場するために、東京に遠征されたことがありました。「東京ドーム」と書かれたお土産の灰皿は、行員の方々の思い出の品でした。ところがある日、掃除をしていた社員さんがこの灰皿を割ってしまうというミスをしてしまいました。この時は、インターネットで同じものを探し出して購入しました。

また別のお客さまの現場では、落成祝いで贈られた限定品の時計を社員さんが壊してしまったことがありました。この時は同じものをオークションで落札して弁償しました。「そこまでやるのか」と言われますが、クレームが発生すると、みんなが集まって「どうしよう」「どうしよう」ととことん知恵を出し合います。

コラム

弁償で済まないモノ

病院の掃除でのことです。病室のゴミ箱の周辺に、ボロボロのスリッパがありました。当社の社員さんは、間違いなくゴミだと思って、ゴミ袋に入れて捨てました。

ところが、すぐ後で患者さまから「ここにスリッパがあったはずだけど」と聞かれました。「捨てました」と返答すると、えらく残念がられ、現場から「クレームです」とラッキーコールが入りました。

これはいけないということで、大至急、上等なスリッパを買っておわびに伺いました。ところが、新しいスリッパを見たその方は、「そんな問題やないよ。あれは孫にもらったものなんだよ」と言ったのです。駆けつけた全員が固まりました。お金で買えないモノがあることを忘れていたのです。

出したゴミは、院内の大きなゴミ集積場にいったん集められ、翌朝、ゴミ収集車で運ばれていきます。幸い、当社はラッキーコールに迅速対応しますので、まだゴミは院内のゴミ集積場のどこかにあるはずでした。

すぐ、総出でゴミ集積場のゴミをひっくり返して探し、やっと見つけることができました。もし、ラッキーコールの翌日にスリッパを買って持って行っていたら、スリッパはお返しできませんでした。

このように、思い出の品は弁償できないことがよくあります。われわれから見て、くたびれたスリッパであっても、100円程度のコップでも、お客さまにとっては宝物です。「弁償で済まそうと思うな」と常々話しています。こうした経験から、物を壊してしまったら、「これはどういう品物でしょうか。思い出の品ですか」と丁寧に聞くようにしています。すると、たいがい「百均で買ってきたコップだよ」と笑われます。「実は、以前に思い出の大切な品物だったこともありますので」と説明すると、「へえー、丁寧にしているんだね」と逆に褒めていただくこともあります。「一件一件作業と思わず、金額にかかわらず、誠心誠意やっていこう」と話しています。手を抜いて、さばいていると、絶対にバチが当たります。

(5) ウソは御法度

当社は、社員さんの言うことを本気で聞いて、すべて信用して、お客さまと相対します。「当社の社員はそんなことはしていません」というぐらい腹をくくって向き合います。

そこまでしますので、もし、前提となる社員さんの話がウソだったら、会社は信用をなくしてしまいます。必死に、社員さんを守ろうとしているのに、社員さんにウソをつかれてしまったら、社員さんも会社も守れなくなってしまいます。

ですからミスやクレームを隠すのは禁止です。例えば一週間隠されたとすると、われわれは一週間後に謝りに行くことになります。ミスやクレーム対応の要点は迅速な対応です。ですから当社には、5分・3分・2時間半のルールがあるのです。

「会議をしていても、途中で止めて行くから、とにかく何かあったらすぐ言っておいでね」と、社員さんにはずっと言っていました。「時間がたったら、どんどんしんどくなるよ」とも言っています。どんな大事件でも、早ければ早いほど、対処がしやすくなります。

統計を取り始めてからラッキーコールは5千件以上受けていますが、これまでにミスやクレームで契約解除になったケースは1件もありませんでした。それどころか、ラッキーコールに真摯《しんし》に対応することで仕事が増えたりお客さまとの信頼関係が深まったりしています。その事実を何度も繰り返し説明することが、社員さんたちが正直に素早くミスやクレームを報告してくれる素地になっているのだと思います。

7節　くすぶるクレーム

(1) クレームは氷山の一角

まず始めに「クレームは宝の山」という言葉の原点となった話をご紹介します。

ジョン・グッドマン氏がTARP社で行った調査によると、「消耗品や低価格商品に関して顧客が何らかの不満を体験した際にクレームを申し立てる割合は、わずか5％〜10％程度にすぎない」（『グッドマンの法則に見る 苦情をCSに変える「戦略的」カスタマーサービス』リックテレコム）といいます。言い換えると、90％〜95％の顧客はクレームを言わないということです。

さらに、グッドマン氏は同書において、商品・サービスを購入して不満を感じた顧客のうち、❶苦情を申し立てなかった顧客の再購入率は9％なのに対して、❷苦情を申し立てた結果、トラブルが迅速に解決され、満足につながった顧客の再購入率は82％だったといいます。

また、グッドマン氏は、後日、能動的なサービスの重要性についても、クレームが発生する前に、顧客にミスを知らせることでカスタマー・デライト（顧客感動）をもたらすことができると話しています。


私はジョン・グッドマン氏の調査結果を知り、ハッとしました。当社のお客さまもめったに不満を言ってきてくださらなかったからです。明らかに物を壊したら、さすがにクレームになりますが、まずお客さまはクレームを言ってくださいません。実際、クレームのうち、お客さまから直接上がってきたクレームは全体の15％にすぎません。ほとんどが社員さんからの自己申告です。

⑵ お客さまがクレームを言わない理由

かつて、私はお客さまと話ができており、お客さまは何でも話してくださっていると自負していましたが、それは大きな間違いだったことがわかりました。

あるお客さまとのことです。「当社の社員はどうでしょうか？」と尋ねると、責任者の方は「よくやってくれていますよ」としか言いませんでした。しかし、その言い方が少し気になりました。そこで、「気になることがありましたら本当のことを教えてください」「うちの社員に直接言いにくいこともあるんじゃないですか」としつこく聞いてみました。

すると、言いにくそうに「実はね、あの方、とても話し好きで、うちの社員さんと話し込んでしまって、仕事に支障が出て、少し困っているんですよ」と話してくれました。お客さまは、ずっと我慢していたのです。

当社は、地元の方を採用しています。そのお客さまにしてみれば、当社の社員さんはお客さまの店舗の「お客さま」かもしれません。波風を立てたくないのです。「たかが掃除だから、それなりにやってくれていれば少し気になることがあっても我慢しよう」。そんなふうに思っていたようです。

私は、「任せてください。われわれは偶然を装って抜き打ち視察して注意しますので、知らんふりしてください」と打ち合わせをして、日を改めて、こっそり視察に行くことにしました。その場で注意するためです。遠回しに、社内報や研修の場で「仕事中、お客さまに話しかけて、話し込んでいる人がいるけどダメだよ」と言っても、当事者は自分のことだと思わないのです。

「さっきから見ていたら、あなたお客さまに話しかけて、ずっと話し込んでいたよね。責任者の方は、あなたに注意したかったけど、あなたはがんばってくれているし、同じ町内だから言えなくて我慢していたそうだよ」

「私は、あなたには長く働いてほしいし、できれば定年後も働いてほしいと思っているよ。あなたの掃除は抜群だからね」

「責任者の方からは、なるべく本人には言わないでほしいと言われたけど、あなたのために言うからね。今後、仕事中にお客さまに話しかけることはしないでください」

その社員さんは、次の日から黙って仕事をするようになりました。責任者の方からは、「どうして改善できたの？　お宅はすごいね」と褒められました。一方、注意した社員さんからは、

「まさか、お客さまが嫌な思いをしているとは思ってもいませんでした。注意してもらって、私はすごく良かったです。お客さまとの人間関係も悪くならないですみます」と感謝されました。

営業は、お客さまの潜在的なクレームを上手に引き出して、社員さんが傷つかないように伝える役割も担っています。そのことを、機会があるたびにお客さまに話しています。

(3) くすぶるお客さまのクレーム

掃除があまり丁寧ではないにもかかわらず、お客さまからの評価が高い社員さんがいました。なぜ高い評価を受けているのか不思議に思って調べてみると、理由は社員さんのサービス精神にありました。お客さまのバイクを洗ったり、雨の日には雨がっぱを拭いたり、お茶を全員に出したり、お漬物を家から持ってきて配ったりしていたようです。すべて契約にはない作業でした。お客さまは喜んでおり、一見、良い関係のように思われますが、これが潜在クレームにつながることがあります。

これは別の社員さんの話ですが、ある社員さんの自慢話を聞いていると、「お客さまの自宅の掃除をしてきました」と言うのです。お客さまは、社員さんと仲良くなると、「ちょっと社宅も掃除してくれませんか」「自宅にも来てくれませんか」などと言うことがありますが、社員さんはそれに応じていたようです。

会社としては、「契約外の仕事は受けないでください」と言っています。「休日に会社とは関係なくやるのであれば問題ないだろう」などと思ったら大間違いです。それが当たり前になってしまうから、ダメなのです。もしもその社員さんが辞めたら、次の社員さんにも同じことが依頼されるでしょう。1回、前例をつくってしまうと、対応するのが当たり前になってしまいます。これがクレームの火種になります。断れば、クレームになることがあるからです。それに、もしケガでもして労働災害になったら、会社は社員さんを守ってあげられません。

このような場合、「よかれと思ってやっているのはわかりますが、もしお客さまの大事なつぼでも割ってしまったらどうするのですか。当社は保険に入っているので会社の仕事であれば守ってあげられますが、会社の仕事外だと守ってあげられないよ」と社員さんを諭します。

それでも、「お客さまとの関係性を壊したくないし、毎年呼ばれているから、やはり断り切れません」と言ってくる人もいます。そういう場合は、「すべて会社のせいにしてください」と言いました。「こっそり行くと、コンプライアンス違反でクビになるので、お引き受けできないんです」などと、全部会社のせいにして、「お仕事は会社に言っていただけますか」と言うように指導していました。

そうすると、責任者の方から会社に相談がきます。時と場合によって、家事代行業者を紹介したり、本社の掃除部隊がお伺いしたりすることもありました。きちんと責任を持って、ご対応すると、そのお客さまが、また新しいお客さまを紹介してくださったり、仕事を回してくださったりしました。

⑷ くすぶる社員さんのクレーム

くすぶっているのはお客さまのクレームだけではありません。社員さんのクレームもくすぶっていました。

あるとき、会社を辞めた社員さんたちに、間接的に退職理由を聞き出してみたところ、「お客さまとの人間関係がうまくいかなかった」「ハラスメントと感じることがあった」「社内のいじめにあっていた」「待遇が気に入らなかった」という答えが返ってきました。

私には、「介護で辞めます」「病気で辞めます」と言っていましたがウソだったのです。当時、それがわかりませんでした。会社にしてみれば、手を打てていなかったということです。過去にも嫌な思いをして辞めていった人がたくさんいたと思います。

当社が社員さんのラッキーコールを大切にした理由は、二つあります。一つは、お客さまからのクレームが発生する前に、社員さんにミスやクレームを自己申告してもらうためです。これについては次の8節でお話しします。

もう一つは、社員さんに不安や不満や悩みなどを相談してもらい、それらを解消してあげることで、社員さんに安心して働いてもらうためです。社員さんは、とにかく我慢してしまいます。辞めてからも、なかなか話してくれません。

そういうことがわかったこともあって、お客様係が現場を巡回して「困ったことない？」「何かない？」「何かあったら全部解決するから言っておいで」と社員さんに聞くようにしました。

そのなかで、こんなこともしていたのかということが次々にわかってきました。

親しい人などが亡くなるとお香典を包みますが、これが現場でも行われていたのです。例えば、あるビルを清掃している社員さんがいました。責任者のお父さんが亡くなって、職場では、みんなで3千円を包むことになりました。「○○さんはどうする？」と聞かれました。日頃、よくしてもらっていますので、社員さんも包まざるを得ませんでした。しかし、月2万円程度のパート収入の人が、3千円の香典を包むのはしんどいと思います。ですから、こういう場合は、会社が相談に乗ることにしました。

冠婚葬祭だけではありません。働いているとさまざまなお付き合いがあります。病気などの見舞金もあれば、高知県では「奉加帳」という名前のカンパもあります。これは子どもが国体へ出るとか、甲子園に行くとか、そういう時に企業内で寄付を募る習わしです。そういったものに、全部個人的につきあっていたら、何のために働いているのかわからなくなってしまいます。

また、お客さまから言われるがままに、職員がお昼に使った食器を全部洗っていた人もいました。これは完全に清掃業務ではありません。

さらには、お客さまがゴミをきちんと分別せずにゴミ箱に入れていたため、それを全部分別しなければならず、それに時間がかかって困っていた人もいました。このケースでは、お客さまにお願いしただけでは、解決までに時間がかかりますし、関係が悪くなる恐れもあります。ゴミ箱を数種類買えばいいだけのことなので、私が4種類のゴミ箱を買って持っていき、「今月から、お弁当箱はこちらのゴミ箱に分別して捨ててください」とみなさんにお願いして、ビニールはここ、割り箸はここというようにルール付けしてあげました。

こんなこともありました。ある現場に巡回に行くと、掃除ができていませんでした。「ここ汚いけど、どうしたの?」と聞くと、「時間がない」と言うのです。何で時間がないのか不思議に思って、何時から何時まで何をしているのか書き出してもらいました。すると、

「あれ、この仕事って仕様書にないよね」

「いや、責任者の方がやれと言ったので」

「そうか、でもこれって重要だよね。これやめると、あの方は機嫌悪くするよね。でもこのままにすると、あなたはずっと残業しなければならないから、自分の時間がなくなるよね。どうする、これ改善するかい?」

「いや、改善したくありません。あの方にはお世話になっているし、定年まであと半年だから、このままにしてください」

結局、この場合は、フォローしつつ、様子を見ることにしました。このように、現場に巡回

に行くと、いろいろなものが見えてきます。時と場合によって対応はまったく異なります。ですから、こうした事例を研修などで取り上げて、「同じような困り事があったら秘密は守るから、取るに足らないことでも言ってきてね。必ず解決するよ」と話していました。

8節　クレームの自己申告

(1) 時間をかけて社員さんの信頼を得る

ミスやクレームに関するラッキーコールのうち、社員さんからの自己申告は約85％を占めています。当社は、黙っていれば絶対に発覚しないような小さなミスでも社員さんからホウ・レン・ソウが上がってきます。それは、長い時間をかけて、会社が社員さんから信頼された結果だと思います。

私は、社員さんに「すべてが大事件だよ」「どんなにわずかなことでも、すべて言ってきてね」「全部即答するし、24時間対応するからホウ・レン・ソウしてね」と言い続けてきました。

最初、社員さんは疑心暗鬼だったと思います。しかし、実際、社員さんからのラッキーコールに迅速に対応し、すべて会社の責任として解決していく事実を見せていくうちに、「この会社は、正直に話せば、嫌な思いをさせられることもなく、すぐに対応してもらえる」と信じてくれるようになったのです。

(2) 自己申告を妨げる要因と対策

ミスやクレームの自己申告を妨げる要因は、社員さんにとって自己申告したくない理由（言い訳）を会社がつくってしまっていることです。そこで、当社は自己申告したくない理由を全部つぶしていきました。

どのような理由かというと、例えば自己申告することで、社員さんにデメリットが生じることです。誰だって、叱られたり嫌な思いをさせられたりすれば、自己申告なんてしません。ここでいう「嫌な思い」とは、自己申告することで、社員さんが責められたり、損害の弁償を求められたり、人事評価で悪い評価を付けられたりすることです。これに対しては、以下のようにすることで、自己申告したくない理由をつぶしていきました。

❶原因はすべて会社にある

私は、「ミスやクレームの原因はすべて会社にあります。皆さんには責任はありません。皆さんは、至らない会社の犠牲者なのです」と言い続けました。なぜそのように言えたのかというと、実際にミスやクレームを深掘りしてみると、すべて会社が至らなかったことが原因だとわかったからです。事実としてそうだったので、本心からそのように社員さんに話すことができました。ですから、社員さんから上げてもらった自己申告に対しては、「ごめんなさい」「嫌な思いをさせてしまいましたね」といつも謝っていました。もちろん損害を社員さんに弁償させることもありません。

❷自己申告しない場合がマイナス評価

当社では、ミスやクレームを起こしたからといって人事評価でマイナス評価を付けることはありません。なぜならば、ミスやクレームの原因はすべて会社にあるからです。

それと「どうしてミスをしたのか」を探っていくと、ほとんど社員さんがよかれと思ってしたことがミスにつながっているからです。「そこまで一生懸命にやってくれたのか」と驚くこともよくあります。ですから、ミスをした社員さんをプラス評価することはあっても、マイナス評価することはありませんでした。

当時の人事評価はシンプルでした。ミスやクレームの内容は関係なく、早く言ってきたか、言ってこなかったかで評価しました。ミスやクレームを隠す人については、厳しく評価していました。つまり、ワンパターンなのです。当社は、早く言いさえすれば叱られないし、責任を取らされることもないのです。そのことは機会がある度に社員さんに話していました。

❸自己申告すれば褒められる

当社では、自己申告すると、「よくぞ言ってくれました」と褒められます。「あなたが勇気を出して言ってくれたおかげで会社を守れました」「それだけではありません。同じようなミスは他の現場でもあることがわかりました。あなたが言ってくれたおかげで、ほかの人も助けてあげられます。ありがとう」

このように、勇気を出して自己申告してくれた人を会社は公に称賛しました。こうすることで、会社にとって耳の痛いような話も社員さんが上げてくれる風土をつくっていったのです。

❹自己申告すれば感動がある

当社では「クレームは宝の山」という研修をしています。その研修では、お客さまの物品を壊した結果、それが売り上げにつながったり、感動につながったりした実話をたくさん話しています。

実際、正直に社員さんが何でも話してくれれば、迅速に営業が対応でき、その結果、当人にとっても、お客さまにとっても、会社にとってもいいことだらけになります。

当社は営業をしない会社です。お客さまとの接点は、ほとんどクレームの時しかありません。

ですから、クレームは、お客さまと信頼関係が深まるチャンスでもあるのです。こんなにうれしいことはありません。

こうした感動の実話を社員さんにフィードバックして、社員さんと共有していきます。それを積み重ねることで、社員さんは自己申告してくれるようになったのだと思います。

❺社内報でクレームを開示

社員さんから自己申告をしてもらいやすくするために、当時、特に力を入れていたことは、社内報「つもろう」の活用でした。

社内報には、毎月起きたクレームを掲載していました。「何時何分にどのようなラッキーコールがお客様係に入り、何時何分に営業担当者が出動し、何時何分、どのように解決した」という情報を、包み隠さず社内報で知らせていたのです。

実際、どのようなクレームが発生し、会社がどのように対応し、その結果、お客さまが喜んでくださった事実を書き続けることで、「クレームは宝の山」であることを間接的に体験してもらいました。

❻クレームを増やす研修

当社は、中途採用者がほとんどです。前の会社での体験から、入社時は「クレームを報告すれば叱られる」と思い込んでいます。ですから、新人研修では、ミスやクレームを正直に報告すると〝いいことがある〟という実話をたくさん話すようにしています。

さらに、統計を取り始めてから5千件クレームがあったなかで、クレームに起因して契約解除に至った取引先は、把握している限り1件もないことを数字で示します。そこまで話さないと、社員さんは自己申告してみようという勇気が湧きません。

当社では、「クレームを減らしましょう」という研修をしたことがありませんでした。クレームの件数についても、入社の時には説明しますが、それ以降は「今月のクレームは何件でした」という話をすることもありません。

クレームを減らすように言ったり、クレームの件数を示したりすると、社員さんがクレームを隠すようになるからです。当社では、クレームを上げてもらうことによってお客さまとの信頼関係を深める戦略を採っていますから、クレームが上がってこない方が問題であり、クレームは大歓迎なのです。

コラム

ミスする人の特徴

定性的に掃除の仕事が向いていない人がいます。雑な人、物をなくす人、時間感覚がない人などです。そういう人は、面接の段階で適性をみて、採用しないようにしています。

定性的に向いていない人を除外しても、ミスをする人はいます。その人の特徴をひと言でいうなら、「一生懸命に仕事をする人」です。上がってくるクレームを見ていれば、それがわかります。悪意を持ってミスをする人は誰もいません。よかれと思って、人よりも一生懸命に仕事をするからミスをしてしまうのです。

例えば、男子トイレの小便器には、目皿というふたが付いています。目皿を割ってしまうミスはよく起こるのですが、実は掃除をきれいにしようとする人しか目皿を割りません。

ある現場で前任者が辞めた後、後任の担当者が目皿を外してみたらひどく汚れていたということがありました。前任者は目皿を割ったことがありませんでしたが、目皿を割らない代わりに、目皿を外して掃除をしていなかったのです。

私は、社員のみなさんにいつも「ミスは仕事をしている証拠だから、堂々と言ってきてくださいね」と言っていました。もし、社員さんが目皿を1個割ったら、次回に備えて2個注文するようにもしていました。

会社にとって「クレームは宝の山」です。そして、一生懸命に仕事をしてミスをしてしまう社員さんも宝です。守ってあげなければいけません。ラッキーコールを吸い上げる仕組みは、社員さんを守る仕組みでもあるのです。

コラム

隠蔽《いんぺい》体質とホウ・レン・ソウ

私は県の教育委員をしていた時期があります。その時、いじめ問題を隠蔽した学校がありました。どうしてそういうことが起こるのかというと、人事評価制度がおかしいからだと思いました。いじめが多い学校の校長の評価が下げられていたからです。

私は、教育委員会で「それは逆ですよ」「いじめがあったという情報が上がってきたら、それに対応した校長の評価を上げるようにした方がいいですよ」と言い続けました。私がそう言ったからかどうかはわかりませんが、高知県の学校のいじめの件数は、ある年を境に倍になりました。いじめが増えたのではなく、いじめの報告が上がってくるようになったのです。

私は、研修の時に、よく「笑顔とあいさつとホウ・レン・ソウで、子どものいじめや自殺を減らすことができるよ」と言っていました。会社や人は社会とつながっています。ホウ・レン・ソウによって安心できる人が増えていけば、結果、いじめや自殺のない社会に変えることだってできると信じています。「ホウ・レン・ソウは世直し」です。

9節　クレームの責任はすべて会社にある

(1) 福島先生から学んだ自己責任（自立型）の姿勢

「自己責任の姿勢を貫こう」と決めた背景には、アントレプレナーセンターの福島正伸先生との出会いがありました。ご縁があって名古屋の研修を聴講させていただいた際、お茶をご一緒する機会に恵まれました。何かの話の流れで、私が「日本の政治はどうなるんでしょうね」と批判的なことを言ったところ、福島先生は――

「僕のせいです、ごめんなさい」
「僕が全力でやっていないから、日本がダメなのです」
「僕が自衛隊を地球防衛軍に変えます」

と、いきなり大きな声で言って、頭を深々と下げました。私は、何が起こったのかわからず、絶句してしまいました。そして「この人は、どんなことでも自分の責任だと考える人なんだ」とわかったのです。ちなみに地球防衛軍（現在は国際救助隊）とは、福島先生がつくった熱い会員組織で、「人類の未来のために、人知れず貢献する」ことを目的にしたものです。

私は、福島先生から、「人のせいにしても会社は決してよくならない」こと「すべての原因を自分自身に見い出し、自分の出番をつくっていけば、世界だって変えられる」ということを学びました。

私は、「自己責任の姿勢を貫き、すべての責任を背負って解決していく」と決めました。ですから、「僕が原因でした」「今回の犯人は僕でした。ごめんなさい」などとすべて謝っていました。周りからは、「社長がそんなに簡単に謝るな」とよく叱られたものです。しかし、安っぽい社長でいいのです。本当に悪いと思うので、「あ、ごめんなさい。僕が悪いんです」とすぐ非を認めて謝っていました。

社長の自己責任の姿勢は、ホウ・レン・ソウの、そして社員さんが安心して働くための基礎の基礎だと思います。

(2) すべてのミスは会社に起因する

過去に発生したミスやクレームの原因を調べてみると、すべて会社に責任があったことがわかりました。会社で一番の責任者は社長ですから、すべての犯人は社長ということになります。ですから、私は、あらゆる研修などの機会を使って、社員さんに「すべてのミスやクレームを起こした原因は会社にあります。つまり社長である僕の責任です。みなさんは未熟な会社や社長の被害者です。被害者が泣き寝入りする必要はありません。ですからミスやクレームが発生したら、すぐに全部会社に言ってきてくださいね」と言っていました。

それでは、以下、クレームの原因ごとに会社がどのように関係しているのかを具体的にご説明します。

❶同じ現場

同じ現場でクレームが何度も起きる場合、そこで働く社員さんが悪いのではなく、そこの労働条件や労働環境に何かしらの問題があって、ミスやクレームにつながっていることがほとんどです。それを改善しないのは会社ですから、会社に責任があります。

❷労働条件

現場で仕事をしていくなかで、当初の労働条件にはない仕事が増えていくことがあります。なぜそうなるのかというと、現場のお客さまは総務部などと取り交わした契約内容を知らないため、悪気なく作業内容を変更してしまうからです。

こうして少しずつ仕事が増えていき、当初2時間のパート仕事のはずが、2時間半、3時間と時間がかかってしまうことがあります。

仕事量が増えてしまうと、社員さんは大変になってきて、決められた時間内に掃除を終わらせようと急ぐようになります。すると、仕事が雑になったり、物を壊したり、転倒事故になってしまったり、いろいろなトラブルが生じます。

このような場合、労働条件が悪くなっていることを早めに会社が聞き取り、改善してあげていれば、社員さんはミスやクレームを起こさずに済んだわけです。社員さんは、被害者です。好き好んでサービス残業をする社員さんはいません。

これらのことを会社の都合で考えれば、「現場の社員さんが勝手にやったことであり、社員さんが会社に報告しなかったことが問題なので、会社の責任ではない」となるでしょう。しかしサービス残業をさせていたこと自体が問題であり、さらにそれを把握していなかったことも問題です。

社員さんが1時間サービス残業をしていたとして、会社は「1時間分の残業代を払わなくて済むからラッキー」ということではありません。もし、そこで労働災害などが起こったら、多大な代償を支払わなければならなくなるからです。「社員さんが勝手にやっていることだから」と看過していると、大きな問題になりかねず、双方が不幸になってしまいます。

また、社員さんはサービス残業をしていると、「私はこんなにお給料以上の仕事をしてあげている」という意識になりがちです。これでは、社員さんに注意をしても聞いてもらいにくくなります。ですから私は「お給料以上の仕事は、やっていただかなくてけっこうです」といつも言っていました。決められた労働条件を守ってあげるのは、会社の責任です。

❸道具も会社の責任

会社が支給している道具や資材で、壁や物を傷付けてしまったり、汚れがきれいに落ちなかったりしたのは、最新の道具や現場に合った道具を支給しなかった会社の責任です。

❹手法

四国管財では、「未経験者大歓迎」と銘打って人材を募集しています。もし経験者を採用したとしても、「当社には当社のやり方がありますから、前の会社の仕事の仕方は忘れてください」とお願いしています。四国管財の手法で掃除をしてもらっている以上、その手法で何かが詰まったり、壁を傷付けたり、誰かにケガをさせてしまったりした場合は、その手法で掃除をすることを求めた会社の責任です。

❺能力

車の運転が苦手な人を、車を使う現場に配置してしまったり、大人数の人と仕事をするのが苦手な人を大きな現場に行かせてしまったりしたことが原因で、ミスやクレームが起こることがあります。社員さんの適性を見極めるのも、適材適所の配置をするのも、会社の責任です。

❻ストレス

四国管財では「笑顔とあいさつ」の応対を強みにしていますが、笑顔を出せなくなってしまう社員さんもいます。笑顔を出せない理由を深掘りしていくと、労働条件が悪かったり、道具が悪かったり、職場でいじめが起きたりしている場合がよくあります。これらの原因はすべて会社にあります。

また、いままで笑顔だった社員さんから笑顔が消えてしまうことがあります。このような場合、十中八九、子どもが登校拒否であったり、夫婦間の問題など、プライベートな問題を抱えています。これについても「会社が相談に乗ります」と言っている以上、いち早く相談に乗ってあげるべきであり、それができなかったということは、会社の傾聴力不足のせいです。

❼年齢による考え方の違い

20代の若者と80代近い高齢者とでは、理解力が異なります。研修で教える際も、話し方を変える必要があります。もし、研修等で教えていたのにできていなかったとしたら、年齢に応じた教え方ができていなかったのです。これも会社の責任です。

ある駐車場で起こったクレームでご説明します。当社の社員さんが、駐車場を利用されるお客さまに「立体駐車場に入れますか、平面駐車場に入れますか」とお聞きしました。車両の大きさによっては立体駐車場に入らないためです。ところが、お客さまはつっけんどんに「そんなのわかりません」と言ったそうです。それを聞いた社員さんは、つい小声でグチを言ってしまいました。それがお客さまの耳に入って大クレームになり、本社の営業がすぐに謝りに行くことになりました。

このケースでは、施設を利用される大切なお客さまに対してグチを言ってしまった社員さんが悪いように思えますが、実は、高齢でへりくだることが苦手な社員さんを、接客が必要な現場に配置していたことが問題なのです。さらに、お客さまがストレスを感じるような質問を、社員さんにさせていたことも問題です。こうした質問をしなくても済むようにしていれば、利用されるお客さまがグチを言われることもなかったはずです。

❽研修内容

過去の失敗を生かした研修がきちんとできていれば、防げたはずのクレームはたくさんあります。失敗が繰り返されたとすれば、その研修が、参加した人の心に響かないからだと思います。例えば「椅子の上に乗ってはいけませんよ」と言っているのに、椅子に乗って転んでしまった社員さんがいたとしたら、「椅子の上に乗ってはいけない」と教える研修のレベルが低かったということです。絶対に椅子の上に乗ろうと思わなくなるような研修をしなければなりません。

いま四国管財でスムーズにクレームが上がってきているのは、「クレームをすぐに上げる」

という研修ができているからです。ほかの研修も同じようにしっかりできていれば、類似のクレームは防げたはずです。これも会社の責任です。

❾経験

個々の社員さんの経験不足によるクレームもあります。経験のない人は、きちんと教えてあげないとできません。知識や経験がないのに、よかれと思ってやるとクレームになることがあります。この原因は、経験が足りない人に「何でも相談してね」と言い続けるフォローの不足と、知識と経験を補うための研修不足です。つまり会社の責任です。

また、過去のクレームの経験から事故が起こるかもしれないことを予測できたにもかかわらず、それを社員さんに伝えなかったためにクレームが発生することがあります。これは、会社として周知徹底ができていなかったことが原因です。

❿繁忙期

年末年始、ゴールデンウイーク、お盆などにはクレームが多くなります。人出が多くなれば、普段より床は汚れ、ゴミも増えます。作業量が増えれば、事故も起こりやすくなります。現場によっては、その期間中、特別ルールになることもあります。そのなかでクレームが発生したとしたら、事前に注意喚起しなかった会社の責任です。

⓫天候や気温

掃除は、ベースとなる作業が同じでも、雨の日、寒い日、暖かい日などによって作業の流れは変わります。例えば雨の日の床は、晴れの日より汚れます。落ち葉の季節の風の強い日は、仕事量が格段に増えます。それなりの対応が必要です。また、炎天下では水を飲まないと熱中症になる恐れがあります。

このように、天候や気温によって掃除のプロセスや体調管理は変わります。しかし、研修で伝えきれていないと社員さんは通常時のやり方しか覚えませんから、イレギュラーな状況に対応できず、クレームを引き起こしてしまうことがあります。

「すべてのケースを想定した研修などできない」と反論されるかもしれませんが、「会社に責任はない」と言った時点で、改善はストップします。いい会社にはなりません。もちろん「完璧なマニュアル」は存在しませんし、永遠にできないと思います。しかし、責任の所在だけは明確にしなければいけません。「これは仕方がなかったのだ」と思えば、何も解決しません。私は、「これは会社の責任だ」と最初に決めて、解決しようとするしかないと思っています。

10節　クレームの背景にある個人的な悩み

(1) 社員さんは個人的な事情を抱えている

社員さんのなかには、よく遅刻する社員さんもいました。そういう人には「気合入れろ」「目覚まし時計をセットしろ」などとハッパをかけました。それでもダメなときは目覚まし時計をプレゼントしたり、安否確認のために家まで起こしに行ったりもしました。

しかし、寝坊の背景には難しい問題があることもあります。一つの例として、とてもいい若者なのに、遅刻を繰り返す社員さんがいました。よくよく話を聞いてみると、家庭の問題でもめていることがわかりました。それで睡眠不足になって起きられなかったのです。

このように問題を起こす行動の背景には必ず何かがあります。そこを見ないと、根本的な解決にはなりません。

次は、仕事のドタキャンを繰り返す社員さんの例です。社員さんの行動だけを見ると、いいかげんな人、無責任な人に思えます。しかし、なぜドタキャンをするのかをじっくり聞いてみると、実は子どもが不登校で、ようやく学校に行ってくれたと思ったら、逃げ出して学校から呼び出されて行かざるを得なかったとか、介護・借金・夫婦間の問題など、いろいろな事情が隠れていました。

このように、問題を起こす社員さんのなかには、個人的な問題を抱えている人もいることがわかりました。

(2) いい会社にしたいからかかわる

私は、入社当時、上司から「個人的な問題はリスクがあるから、かかわるな」ときつく言われていたため、個人的な問題には立ち入らないようにしていました。

しかし、本気で、社員さんに安心して働いてもらえるような「いい会社」にしたいなら、社員さんの個人的な問題から目を背けるわけにはいきません。「いい会社にします。何でも相談してください」と言っておきながら、いざ社員さんから「借金があって～」「子どもが学校でいじめられていて～」などと悩みを打ち明けられたら、「ごめんなさい、それは、仕事に関係ないので対応できません」と言って逃げてしまったら、絶対にいい会社にできません。

社員さんは「なんとかしてくれるかもしれない」と思って、勇気を振り絞って悩みを打ち明けてくれたのですから、むしろ意気に燃えて「ついに私の出番がきたか！」と興奮してしかるべきです。

私は「社員さんが安心して働けるいい会社にする」と決めました。その夢を実現するために、社員さんには「どんなことでも相談に乗ってあげるから、何でも言っておいで」と言っています。これは社員さんとの約束だと思っています。こうした決意と覚悟があるからこそ、私たちは、社員さんの個人的な問題にかかわってこられたのです。

(3) クレームは個人的な問題に起因している

当社が社員さんのラッキーコール（不安、悩みなど）を大切にした理由は、「いい会社」にしたいからですが、それだけではありません。それは、クレームを引き起こす原因の一つを解決したいからです。

クレームの原因を調べてみると、労働条件、道具の不備、年齢の問題、熟練度、時節柄など、いろいろありましたが、それを深掘りしてみると、本人のストレスに起因している場合もあることがわかりました。

そのストレスについて、さらに調べてみると、❶同僚との人間関係や、セクハラ・パワハラといった仕事に関係することと、❷子どもの受験・不登校・非行・いじめ、家人の失業・解雇、心の病気、借金問題、夫婦間の問題、虐待など仕事以外のことなどがあることがわかりました。割合でいうなら、仕事関係が7、それ以外が3です。つまり、会社だけをよくしても、決してクレームの原因はなくならないということです。

そこで、私は、個人的な問題についても「会社の出番」だととらえて、社員さんには「どんなことでも解決するから任せなさい」と言っていました。

特に、不登校や子育て問題は得意でした。私は、県の教育委員をしていましたので、こうした事例の情報をたくさん持っていました。子どもの悩みはどこに相談して、どうしたらいいのかアドバイスできます。ときには、学校の先生に代わって私が対応したり、教育委員会に乗り込んでいったりしたこともあります。夫婦間の問題も引き受けて、ずっと寄り添ったこともあります。このようなことを試行錯誤しながら積み重ねていくうちに、悩みへの対応力がどんどんついてきて、さらに多くの悩みに対応できるようになりました。

コラム

社員さんの悩みに気づかず大クレームになる

ある夜、お取引先の店舗で大きな事件が起こりました。それは、夕方7時頃のことだったと思います。責任者の方から電話がかかってきて、「お宅の社員さんが、錯乱状態になっている」というのです。

私は、「申し訳ありません、すぐに伺います」と言いましたが、責任者の方は「いや、もう今日は結構ですよ。社員さんも落ち着きましたので、もう今日は大丈夫です。明日、よろしくお願いします」とおっしゃいました。

しかし、その夜の12時頃、また責任者の方から電話がかかってきました。「お宅の社員さんが帰ってくれず、何か経文のようなものを唱えている」というのです。これはただ事ではないと判断し、本社のメンバーに指示を出して現場に向かってもらいました。

現場に着くと、社員さんはかなりの錯乱状態で、緊急入院が必要なほどの状態でした。しかし、入院に当たってはご家族の同意が必要です。遠方に住んでいる娘さんに電話をして、何とか社員さんを入院させることができたのは翌日の2時近くでした。

この社員さんは突然、精神錯乱状態になって問題を起こしましたが、原因を探ってみると、会社の責任、つまりは社長の責任だったことがわかりました。

この社員さんは在籍10年以上のベテランで、素行もよく真面目な人でした。その人から、ある日、唐突に「夜勤の仕事をしたい」と言われました。夜勤は人手不足でしたから、「それは助かる」と思い、「渡りに船」ですぐにお願いしました。

ところが、後日、娘さんに詳しく話を伺ったところ、この社員さんはご主人を亡くしてから少しメンタルに不調をきたしていたことがわかりました。夜勤を希望したのは、夜寝られないため、「夜勤をすれば気が紛れるし、疲れて寝られるだろう」と思ったからだったのです。

これは完全に会社の責任であり、私のせいだと思いました。ずっと昼間の仕事をしてきた人が「夜勤をしたい」と言ってきた時点で、「なぜ夜勤の仕事がしたいのですか？」と聞くべきでした。もし、聞いていれば、実は、夜寝られないのです」と話してもらえたかもしれません。そうすれば、こんなことにならなかったかもしれないと思うと、じくじたる思いでした。私には、社員さんの言葉の背景を聞き出す傾聴力がなかったのです。

この事件以降、一人で勤務する現場の社員さんを採用する場合は、その人の背景をつかむために、原則、自宅面接をすることにしました。

社員さんのなかには、個人的な問題で悩んでいる人もいます。社員さんに安心して働いてもらうためには、その問題を解決してあげる必要があります。それは、結果的に、クレームの原因を取り除くことにもなるのだと思います。

11節 個人的な問題へのかかわり方

(1) なぜうまくいったのか

会社として、社員さんの個人的な問題に、今日まで取り組んでこられた理由は、ひと言でいうと成果が上がったからです。

社員さんは、不安が解消できたことで、いきいきと仕事をするようになりました。本人から感謝されたことは言うまでもありませんが、いきいきとした社員さんの姿は、お客さまの感動を呼び、顧客満足も高まりました。ときには仕事の受注につながることもありました。当社は営業をしませんが、その代わりに輝いている社員さんの姿が営業になっています。

少しすると、みんなが何かしらの手応えを感じるようになりました。そうなれば、会社が社員さんの個人的な相談に乗ることを反対する人はいません。むしろ、「これって大事だよね」と共感の輪が広がり、社内が一つにまとまることができました。

(2) 他社がなかなかマネできない理由

当社には、社外からたくさんの方がホウ・レン・ソウの仕組みを勉強しに来られます。しかし、なかなかマネできないようです。その理由の一つは、「個人的なことでもいいから、何でも言っておいで」と言えないからです。個人情報にふれるのを避けたいのでしょう。

みなさんが心配するのは、改正個人情報保護法で定める「個人情報」と「要配慮個人情報」、そしてプライバシーの侵害ではないでしょうか。プライバシーとは、私生活に関する情報をみだりに公開されない権利です。具体的には、病歴、指紋、身体的特徴、結婚・離婚歴、前科・犯罪歴、日常生活・行動、氏名・住所・電話番号、家庭内の私事などを本人の許可なく公開されない権利です。

しかし、法令等を遵守しながらも、個人情報を聞く方法はあります。当社の場合、こちらから聞き出すようなことはしていません。基本的に相手が話してくれるのを聞いているだけです。それでも社員さんは、「夫婦間の問題」とか「子どもがいじめられています」といった個人的な問題を話してくれます。それは、「この人たちに、話しても秘密は絶対に守ってもらえる」「親身に相談に乗ってくれる」と思ってもらえるからこそだと思います。ですから、私たちにはお墓まで持っていく話がたくさんあります。

「僕はあなたの話を聞くけど、他の人には言わないからね。ほらペンも置くよ。この扉を出たら、僕はニワトリみたいなものだから3歩歩けばすぐ忘れるよ。ただし、入社したら、こういう理由があることをあなたの上司には言うことになるけどいいかい?」と確認します。そう言うと「上司だけに言ってください」って言う人もいれば「社長の胸にとどめてください」と言う人もいます。後者の場合は、「この内容は、僕だけが知っているだけでは無理だよ。あなたは発作が起こるんでしょ。僕だけが知っていても、僕は現場にいないからあなたをすぐに助けられないよ。だから、これは現場のリーダーには言うからね。それを了承してくれないと採用できないよ」と説明して、個人情報を開示する許可をもらっています。

(3) 相談に乗れる人を徐々に増やす

当社をなかなかマネできないもう一つの理由は、知識や経験やスキルがないことです。「社員さんの相談に乗りたくても、相談に乗れるスキルがないので、怖くて、どんなことでも悩みがあったら言っておいでとは言えない」という話をよく聞きます。

しかし、私はそんな話を聞くたびに、「会社をよくしたくないのかな」と思ってしまいます。「聴くすべがないからしない」というなら、いつまでたっても会社はよくなりません。

当社も、最初は誰にもスキルがありませんでした。そこで、社員さんの相談はすべて私が担当することにして、経営幹部と相談しながら自分のできる範囲内で始めました。しかし、無我夢中でやっていると、だんだんと守備範囲が広がっていきました。それにつれて傾聴力も上がってきて、社員さんも悩みや不安などを打ち明けてくれるようになったのです。

私が体験したことのうち、共有してもいいものについては、すべてホウ・レン・ソウで経営幹部と共有しました。「こういう相談があってね、こういうやりとりをして」とプロセスをすべて共有しました。疑似体験してもらうことで、相談に乗れる人を増やそうと思ったのです。

いまでは、お客様係なら誰でも相談に乗れるようになりましたので、「困ったことがあったら本社に電話ください」と自信を持って言えるようになりました。20年かかりました。もう私の出番はほとんどありません。

いきなり、いまの四国管財をマネしようとしても無理だと思います。最初は一人運動です。自分ができる範囲でやっていけばいいと思います。その一歩を踏み出せるかどうかでしょうか。

私は、子どもに自慢できる「いい会社」にしたかったので、その一歩を踏み出しました。たくさん失敗すると、たくさん勉強します。「発達障がいってどういうことかな」「うつ病ってどういうものかな」など、興味があることは勉強する気になります。その気になって、周りを見渡してみれば、そうした悩みを抱えている人はたくさんいるものです。経験者に教えてもらえばいいのです。

一般的に、会社として社員さんの悩みの相談に乗る場合、専属のカウンセラーに委託するケースが多いようです。しかし、外部のカウンセラーは、「聞くだけ」です。解決まではできません。やはり社長や幹部の出番です。私に、それができたのは、いつでも責任を取って辞めてもいいという覚悟があったからです。事件が起こったら、責任を取るのは社長の仕事です。社員さんを救うために辞めるなら最幸（最高）だと思っていました。

(4) スキルがなくてもできること

いま、あなたの会社にスキルや知識がないなら、いきなり社員さんの悩みを解決しようとしなくてもいいと思います。たとえ解決できなくても、とことん話を聴いて、一緒になって困ってあげたり、恐怖におののいたり、悔しがったり、喜んであげることはできます。寄り添ってあげるだけでも社員さんは安心します。

ほとんどの会社はそれすらしませんから、第一歩は、寄り添って話を聴くだけでいいと思います。「ごめんね、うちは上場企業だから、コンプライアンスがあって、この話はここだけの秘密にするけど、会社としては何もできないんだ。ごめんね」「でも、僕に話すことで少し楽になるなら、いつでも言っておいで」でいいと思います。

実際、相談に乗ると、話を聴いてもらいたいだけの人が大半です。「じゃあ、どうしてほしいの」と聞くと、「いや、いいんです」「わかってくれる人がいるだけで、ちょっと私、元気が出ました」という人がほとんどです。

では、なぜ会社に相談してくれないかというと、なんでも正直に相談したら、人事考課で悪く評価されたり、飛ばされたりするのではないかと疑心暗鬼になっているからです。それほど、駆け引きなしに何を話しても大丈夫で、親身になって聴いてくれる会社はないのです。

しかし、実は、社員さんの悩みを知ることは、会社にとってもメリットがあります。例えば、最近、介護で悩んでいる人は少なくありませんが、会社が事情を知っていれば、勤務時間のシフトを調整してあげられます。社員さんは安心して仕事に集中できますし、会社も優秀な社員さんに辞められないで済みます。

コラム

悩み続ける社員さん

知識がないために悩んでいる社員さんはたくさんいます。例えば、夫が家にお金を入れてくれない、暴力を振るう、酒浸りで困っているという社員さんがいました。「何で別れないの?」と聞くと、「『別れるなら1億円の慰謝料を払え』と言われているから離婚するのを諦めているんです」と言うのです。「ちょっと待って。それって法律的に見たら、あなたがお金をもらえる話だよ」と言ってあげました。一般的に、暴力を振るう夫に慰謝料を払う必要なんてないのですが、情報がないがゆえに払わなければいけないと思い込んでいたのです。しかも「弁護士に依頼すると何百万円もかかる」と思って相談することも諦めていました。それも情報不足による誤解です。法テラス(日本司法支援センター)なら、無料法律相談や弁護士・司法書士費用等の立て替え制度もあります。かつて、当社にアルバイトできていた方が法テラスの弁護士になっていましたので、その社員さんには、その場でアポイントを取ってあげました。

現場の詰め所で、社員さん同士で話しても「無理だよね。我慢しよう」とか「夫に暴力を振るわれないためにはどうしたらいいんだろう」という話にしかなりません。必要な情報を持っていないからです。私は、情報不足ゆえに悩み続けている社員さんをたくさん見てきました。

コラム

相手を幸せにするための傾聴力

私は、目の前にいる人を幸せにするために話を聴いていました。もし、母子家庭で子どもの食費にも困っているというならば、全力でサポートします。そういう人ほど、がんばって長く働いてくれるものです。

採用面接では志望動機を聞きますが、どうしたら本当の動機を話してもらえるのかというと、実例をたくさん話してあげることだと思います。「みんないろいろな悩みを抱えているよ。例えば、夫婦間の問題で、離婚して自立したいから当社で働きたいという人もいるよ」などと話してあげます。

掃除の仕事は、いろいろな人が応募してきます。採用面接の段階で、「なぜ働きたいのか」をしっかりつかまないと、後々、その人に無理が生じたり、お客さまや同僚に迷惑をかけたり、いろいろなトラブルが起こります。私たちの傾聴力は、いろいろ聴いて、その人を幸せにするための傾聴力です。

しかし、傾聴力を高めていくと、個人的にラウンジで飲んでいても、いろいろな相談を受けるようになり、いつの間にか大相談大会になります。

12節　ラッキーコールと社員満足

(1) 記憶に残る感動の結末

当社では、社員さんがミスやクレームを起こしても、原因はすべて会社にあると考えていますので、社員さんが叱られることはありません。加えて、当社では、社員さんのミスやクレームを社員さんに代わって上司が謝りに行きます。福島正伸先生の決めぜりふではありませんが、上司は背中を見せた社員さんに「俺にほれるなよ」と言いたくなります。

上司が自分に代わってクレーム対応している姿は、社員さんを安心させます。私は、これはひとつの社員満足だと思っています。安心は、働く人にとってすべての土台であり、そこからやる気ややりがいが湧いてくるからです。

いくら研修などで熱くクレームの話をしたり、感動の話をしたりしても、実際にミスやクレームを起こして、一部始終を体験した当事者の感動には遠く及びません。物を壊すと、「どうしよう」とドキドキして、泣きそうになります。そこに、上司が駆けつけて、「大丈夫だよ」「任しときや」「慣れとるし」と言って一生懸命に解決し、最後にはお客さまにも喜ばれ、感動の結末を迎えます。これは一生の記憶に残ります。

当社を辞めて、転職した人のなかには、「給料が高く、やりたい仕事だったので別の会社に移ったけど、新しい会社の上司はなんでも部下のせいにする。四国管財はやっぱりすごいわ」と報告してくれることがありました。

(2) ミスすると褒められる

当社では、ミスやクレームを起こすと叱られるどころか褒められます。なぜなら、クレームは絶好の営業チャンスになるからです。当社は、ルートセールスも新規営業もほとんどありません。見方を変えれば、何かないとお客さまと会えないということです。ですからクレームはチャンスなのです。幸いなことに、当社の社員さんたちは一生懸命に仕事をしてくれますので、ミスやクレームをよく起こしてくれます。そのほとんどは「こんなことで謝りに来たのか?」というクレームですが、年間250件ほどになります。

さらにチャンスがあります。クレーム対応は、お客さまの会社のキーマンにお会いできるのです。普段なら「すみません。会ってください」と言っても相手にしてもらえませんが、クレームなら会ってもらえます。

われわれは、クレームに際して、お客さまがあきれるほど迅速に対応しました。言い逃れは一切せず、ミスをした社員さんのせいにすることもありません。こうした対応は、お客さまの信頼につながり、社員さんの満足度を高めることにもなっていると思います。「絶対にこの会社は裏切らない」「返事をしてくれる」「クレームを起こしても助けてくれる」「叱らない」。こうした「安心」は、大きく社員満足に関係しているのです。

さて、クレーム対応でお客さまの会社のキーマンに何回かお会いしていると、当社のクレームへの姿勢が伝わって、当社への対応が変化していきます。

最初は「業者を代える」と言っていた人も、最後には「うちの息子をアルバイトで採用してくれないか」とか、なかには「定年後に俺を採用してくれ」などと、冗談だか本気だかわからないことも言ってもらえるようになります。

(3) 認めることも社員満足

「認める」ことも社員満足を高めます。それは給料で認めたり、職位で認めたり、社長賞などの表彰制度で認めたりいろいろありますが、最大級の「認める」は、社員さんを信用することだと思います。

クレームが起こると、われわれは社員さんに事実関係を聞きます。そのほとんどは、社員さんが良かれと思ってやったことです。

営業は、社員さんの話を全面的に信じて、お客さまと相対します。もし、当社が犯人でないなら、「うちはやっていません」とハッキリ言います。それぐらい腹をくってお会いします。

「社員さんを、とことん信じてあげる」。これこそ最大の社員満足ではないでしょうか。

(4) 社員さんを尊ぶ経営

人を大切にすることも、社員満足につながっていると思います。決して待遇がよくなくても、当社に残ってくれて、自分の子どもを紹介してくれたり、ご主人まで世話してくれたり、なかには家族で働いてくれている人もいます。これはどうしてなのかというと、当社が社員さんを尊び、大切にしているからだと思います。

当社の経営幹部は、社員さんを上から目線で見ることは絶対にありません。むしろ、見かけたら「○○さーん」とアットホームに声をかけています。敬意を持って対応しています。

当社では腰の低い人を上司にします。威張る人は絶対に上司にはしません。特に、いまの社長の森下さんや部長は人柄がよく、人を大切にします。もっというなら、本社の誰も社員さんを「掃除のおばちゃん」という扱いをしていません。この人手不足の時代に、朝早くから夜遅くまで働いていただいて、ありがたいと心から思っています。みんなが感謝しています。

当社には、社員さん一人ひとりを大事にする風土ができています。われわれは、バリバリ仕事ができる人より、人を尊ぶ人を選んで仲間になってもらっています。「仕事はそんな甘いもんじゃないんだ」「成果をあげろ」なんてことは、一切思っていません。過去に多くの人を辞めさせてしまった苦い経験があるので、「和」が大事なことは、みんながわかっています。

会社は、社員さんに対して「悩み事は全部聞くよ」と大風呂敷を広げています。それに応えて、社員さんが不満や不安や悩みを気軽に相談してくれるのは、経営幹部が社員さんを尊んでおり、日々の何気ない会話が社員さんとキチンとできているからだと思います。

第四章 かかわる人を幸せにする仕組み

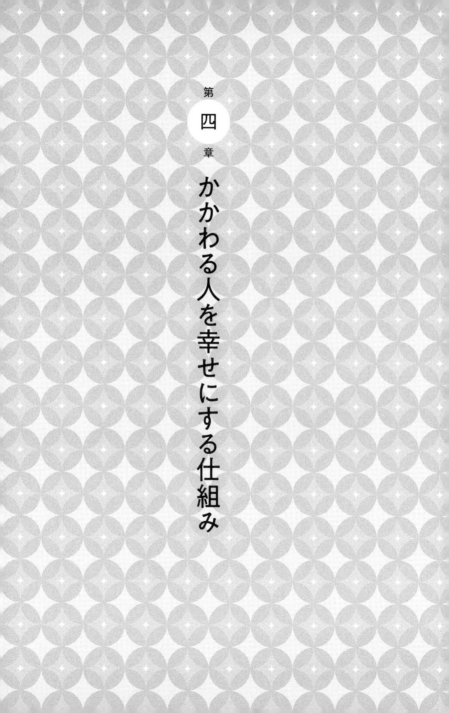

1節　経営理念に込めた思い

(1) かかわる人を幸せにする経営理念

当社の経営理念は、「私達は自分達の夢の実現の手段として、四国管財においてお客さまに笑顔と挨拶と報連相と環境を意識した丁寧な仕事の実践により自分を含め全ての人々に感動と幸福を提供いたします。」です。

いい会社とは何かを模索して、経営品質の勉強をしていくなかで、会社のあるべき姿を「経営理念」として明示する必要があると考え、経営理念を定めました。

経営理念の冒頭は、何のために働くのかを明示しています。私が社長を受け継いだ当時、社員さんは「他にやりたいことがあるから」「もっと条件のいいところで働くから」など、いろいろな理由を言って、一人、二人と会社を辞めていきました。当時は、なんとか思いとどまってもらおうと、必死に引き留めていました。しかし、それは会社の都合しか考えていない行為であり、私が目指した「いい会社」の姿ではありません。これで本当にいいのかという疑問が大きく膨らんでいきました。

やがて、「社員さんに喜んでもらい、幸せになってもらうためには、夢に向かって歩みだそうとする人を、自分の都合で引き留めるのではなく、応援することではないのか」と気づきました。そこから大きく方向転換し、胸を張って社員さんの夢を応援する会社にしたのです。ですから、採用面接や新人研修の際に「仕事は自分が幸せになるための手段です。夢を実現するための手段に過ぎません。会社のために働かないでください。むしろ会社を踏み台にしてください。他にやりたいことができたら、遠慮なく辞めてもらってかまいません。ただし、いきなり明日辞めるというのでは困るので、辞めるときは引き継ぎをきちんとしてください」と、退職推奨の話を必ずしていました。経営理念の冒頭部分には、こうした私たちの思いが込められています。

続く文章は、どうやって「全ての人々に感動と幸福を提供」するのか、その方法が書かれています。それが「笑顔と挨拶と報連相」です。これは四国管財の最大の強みであり、他社がなかなかマネできない差別化ポイントでもあります。これについては、採用面接時に遵守することを誓約してもらっています。まさに会社の生命線なので、社長からアルバイトまで、全員が厳守しています。

そして、経営理念は「全ての人々に感動と幸福を提供いたします」と結んでいます。「いい会社」とは、経営理念にあるように、「全ての人々に感動と幸福を提供」する会社です。「全ての人々」とは、社員さん、お客さま、地域社会、会社です。そのすべてを「幸せ」にするのが、いい会社です。

私たちは、新入社員さんに経営理念を次のように語りかけています。

「掃除の仕事は、周りから見たらつらい仕事に見えますが、私たちはこの仕事をすることで、仲間に喜ばれたり、感動したり、お客さまから褒められたり、やりがいを感じたりします。結構、感動がいっぱい隠れています。ご縁があって四国管財にきてくれたのですから、どうか感動ややりがいをたくさん味わって、最後には幸せになってほしいと願っています。そのために、この経営理念があります」

(2) 経営の羅針盤

当社の行動指針をまとめた「四国管財ベーシック」は、社員さんからホウ・レン・ソウが上がってきたときの具体的な判断基準です。個人的に思うところがあっても、「四国管財ベーシック」に則って判断していました。

会社ごとに経営理念や行動指針は異なりますから、四国管財の仕組みをマネしても、社員さんからのホ

ドリームカード

ウ・レン・ソウに対する判断は、当然、異なるはずです。例えば、成果主義を採り入れて、前年比売上をアップさせて社員さんの所得を上げようとする会社なら、「そんなことはいいからバンバン働こう」という判断になるかもしれません。それを経営理念として掲げており、それに賛同して入社した社員さんは、それでがんばれると思うので問題はありません。

もし、経営理念で判断したにもかかわらず、退職者が多くなったり、お客さまが離れていったりしたなら、根本となる経営理念もしくはその教育の仕方を修正する必要があります。

⑶ 朝礼で理念を浸透

「朝礼」は、本社の2階で、机の周りに並んで行っていました。司会者は、若手の社員さんにお願いしました。内容は、ハイタッチから始まり、経営理念の唱和、「四国管財ベーシック」の発表、ヒヤリハットの事例報告、連絡事項、司会者からの熱いメッセージなどです。

時間は、当初30分ぐらいはしていましたが、長すぎるという意見が出て、私が社長を退任する頃には10分くらいに短縮しました。

朝礼の最大の目的は、価値観の共有です。経営理念の浸透は、繰り返し行うしかありません。ですから、とにかく毎日やろうと決めていました。「四国管財ベーシック」の発表とは、行動指針を自分なりに解釈して、自分が体験したことをベーシックに当てはめて発表していました。単に行動指針を読み上げても浸透しないため、自分なりの体験を交えて解釈してもらっていました。「クレームは宝の山」ですから、ヒヤリハットの報告も大事にしています。「昨日、こんな事故が起こりました」と生々しい情報を共有することで、みんなが学べます。

朝礼は、本社以外でも病院など人数の多い現場で行っています。昼食前に5分くらいかけて毎日行っている現場もあります。

(4) TS研修で理念を浸透

当社では、全社員が、最低でも年に2回はTS研修を受けなければいけない決まりになっています。ちなみに、うちでは従業員を一律、社員さんと呼んで、アルバイト、パート、社員を分け隔てなく接しています。みんな大切な社員さんです。ですから研修は全社員必修です。

TSとは、トータル・サティスファクションの略です。TS研修は、ビルや商業施設のオーナー様だけでなく、その建物に来訪する人も大切なお客さまであると考え、すべてのお客さまの満足を高めていくための研修です。講師役は本社の営業部が務めます。

TS研修では、経営理念と行動指針の再確認、ヒヤリハット（クレームになりかねない出来事）の報告、清掃技術の研修、法改正等によるルール変更、「夢アンケート」の記入と発表、「メンタルヘルス・アンケート」の記入、不安・悩み・不満などの相談、ラッキーコールの記入、「笑顔・挨拶・報連相」の大切さの再確認、などを行います。

(5) 行動指針

経営理念は、何を大切にし、何を目指し、それをどう実現するのかを示したものです。価値観や哲学をまとめたものです。

経営理念を具現化するためには、行動を習慣化して実践する必要があります。それを定めたのが行動指針であり、当社でいう「ベーシック」です。

行動指針をつくりたいと思ったものの、どうやってつくればいいのか見当も付きませんでした。参考にさせていただいたのは、ザ・リッツ・カールトンホテルです。ザ・リッツ・カールトンホテルにスマイルサポーターさんを全員連れて行き、クレドの説明を受け、各職場で行われているデイリー・ラインナップ（毎日始業前に行われるミーティング）を見学させてもらいました。

デイリー・ラインナップでは、伝達事項だけでなく、大切にしている価値観を行動基準に表した「20のベーシック」を振り返っています。例えば、今日のベーシックが17番目の「電話のエチケット」とすれば、「先日、お客さまから電話の応対が非常によかったと褒められましたが、なぜお客さまに喜んでいただけたのかをみんなで考えてみましょう」というように、具体的に話し合います。こうすることで、お互いに学び合い、価値観を確認しているのです。

ザ・リッツ・カールトンホテルでの宿泊研修は大収穫でした。すぐに初版の「四国管財ベーシック」のたたき台をつくり、みんなと相談して形にしました。その「四国管財ベーシック」

の最後14番は、横田英毅さんに教えていただいた大好きな言葉です。
以下、いくつかご紹介します。

3. 報告・連絡・相談

「実践する事により、情報（楽しい事や悲しい事）に共感する事が出来、価値観の共有化の手段となり、社内が一つになれ組織的な解決を図れます。」

当社は、絶対に報告・連絡・相談を厳守してもらいます。それはことある度に言っています。報告・連絡・相談は、社員さんが安心して働くためのものです。当社は「クレームは宝の山」だと考えています。宝の山にするためには、情報をいかに上げてもらうかがポイントです。ですから、採用面接の時にも報告・連絡・相談を遵守する誓約をしてもらっています。

13. 感謝の気持ち

「周りに人が居る事や物がある事が当たり前の生活と思って過ごしていますが、自分の接する人（物）へ「ありがとう」の感謝の気持ちを忘れないようにしましょう。」

当社は笑顔とあいさつを大切にしています。笑顔やあいさつは心が無ければ何も相手に伝わりません。頭を下げる前に心を下げることが大事です。当たり前のことなんてありません。有り難いことばかりだとわかれば、感謝の気持ちが湧いてきます。お客さま、仲間への感謝を忘れないようにしましょう。

14. 一番大切な事は　一番大切な事を　一番大切にする事

「高知県は、南海大地震が30年以内に高い確率で来ると言われています。自分にとって一番大切な人（事）を再認識し、その為に何をするのかを考えてみませんか？」

いい会社とは、人を大切にする会社です。当社にかかわるすべての人が幸せになるように、「一番大切な事」を一番大切にする会社でありたいと願っています。

2節　社員さんの夢を実現する会社

(1) あなたの夢は何ですか?

経営理念でお話ししたように、当社では「何のために仕事をするのか」を明確にしています。仕事は自分の夢をかなえるための手段にすぎません。会社のためではなく、自分の夢のために働いてほしいと願っています。当社は、社員さんの夢を応援する会社です。

ですから、採用面接でも「あなたの夢は何ですか」と尋ねます。ほとんどの人は「なんで面接で夢を聞くんですか?」と驚きます。たいそう立派な夢がないといけないのかと思われるかもしれませんが、「子どもの幸せのため」でも「孫の成長のため」でもいいですし、若い人なら「家を建てる」とか「車を買う」とかでもいいのです。もし、いま夢がなかったら、自分の夢が見つかるまでは「人の夢を応援する」でもいいでしょう。

仕事をする理由は、お金を得るためですが、そのお金は何に使うのかというと、充実した人生を送るためであり、充実した人生を送るためには目標、つまり夢が必要です。当社の社員さんは、みんな夢を持ち、夢のために仕事をしています。ですから、大変そうに見える仕事でも、周りからはいきいき働いているように見えます。

しかし、なかには入社時に言った夢が何だったのか、忘れてしまう人もいます。そこで、年に1回、夢の確認をしています。それが「夢アンケート」です。

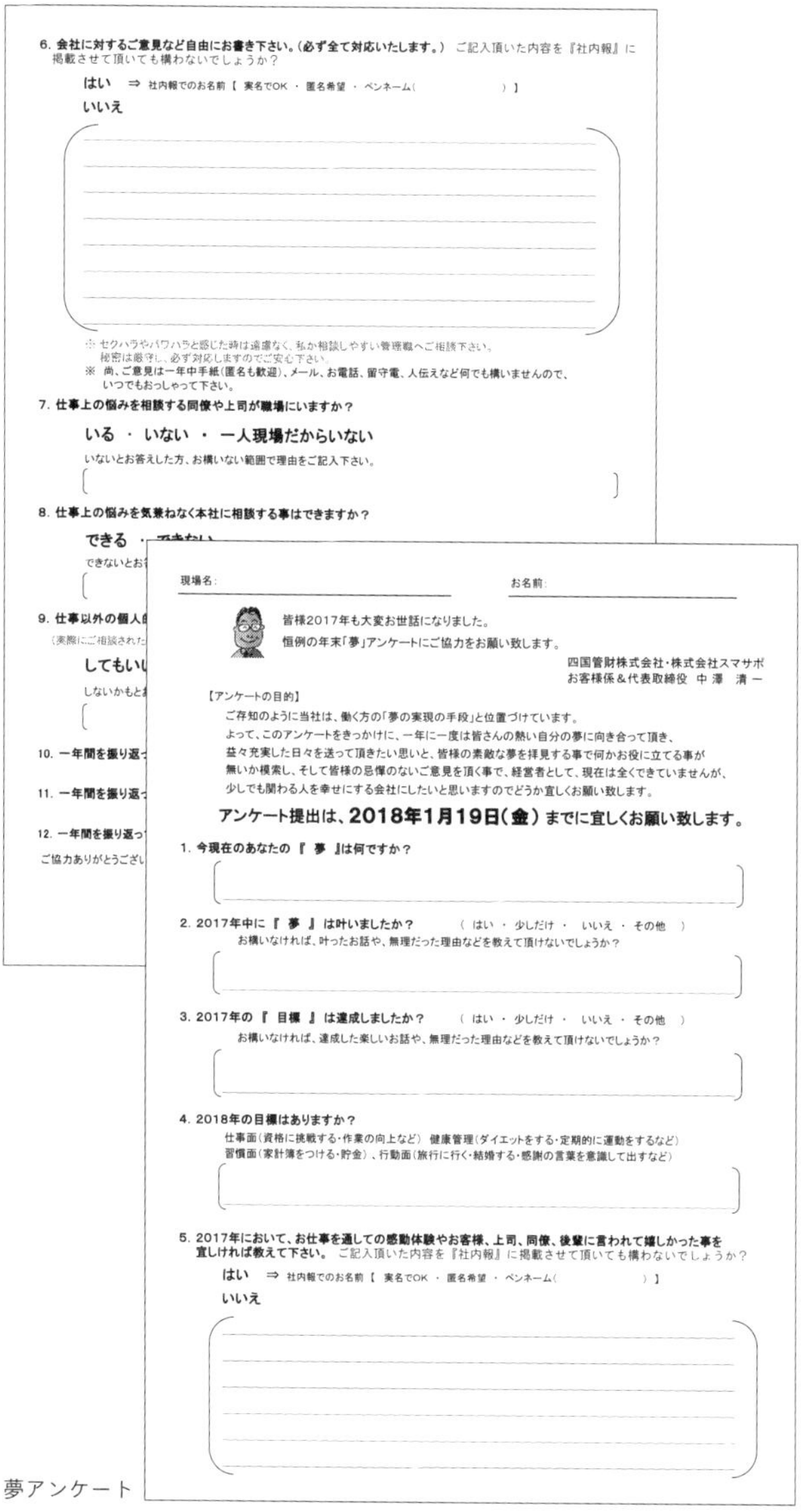

現場名：　　　　　お名前：

皆様2017年も大変お世話になりました。
恒例の年末「夢」アンケートにご協力をお願い致します。

四国管財株式会社・株式会社スマサポ
お客様係＆代表取締役　中澤　清一

【アンケートの目的】
ご存知のように当社は、働く方の「夢の実現の手段」と位置づけています。
よって、このアンケートをきっかけに、一年に一度は皆さんの熱い自分の夢に向き合って頂き、
益々充実した日々を送って頂きたい思いと、皆様の素敵な夢を拝見する事で何かお役に立てる事が
無いか模索し、そして皆様の忌憚のないご意見を頂く事で、経営者として、現在は全くできていませんが、
少しでも関わる人を幸せにする会社にしたいと思いますのでどうか宜しくお願い致します。

アンケート提出は、2018年1月19日(金)までに宜しくお願い致します。

1. 今現在のあなたの『 夢 』は何ですか？

2. 2017年中に『 夢 』は叶いましたか？　（ はい ・ 少しだけ ・ いいえ ・ その他 ）
お構いなければ、叶ったお話や、無理だった理由などを教えて頂けないでしょうか？

3. 2017年の『 目標 』は達成しましたか？　（ はい ・ 少しだけ ・ いいえ ・ その他 ）
お構いなければ、達成した楽しいお話や、無理だった理由などを教えて頂けないでしょうか？

4. 2018年の目標はありますか？
仕事面（資格に挑戦する・作業の向上など）　健康管理（ダイエットをする・定期的に運動をするなど）
習慣面（家計簿をつける・貯金）、行動面（旅行に行く・結婚する・感謝の言葉を意識して出すなど）

5. 2017年において、お仕事を通しての感動体験やお客様、上司、同僚、後輩に言われて嬉しかった事を宜しければ教えて下さい。　ご記入頂いた内容を『社内報』に掲載させて頂いても構わないでしょうか？
はい　⇒　社内報でのお名前【 実名でOK ・ 匿名希望 ・ ペンネーム（　　　　） 】
いいえ

6. 会社に対するご意見など自由にお書き下さい。（必ず全て対応いたします。）　ご記入頂いた内容を『社内報』に掲載させて頂いても構わないでしょうか？
はい　⇒　社内報でのお名前【 実名でOK ・ 匿名希望 ・ ペンネーム（　　　　） 】
いいえ

※ セクハラやパワハラと感じた時は遠慮なく、私か相談しやすい管理職へご相談下さい。
秘密は厳守し、必ず対応しますのでご安心下さい。
※ 尚、ご意見は一年中手紙（匿名も歓迎）、メール、お電話、留守電、人伝えなど何でも構いませんので、
いつでもおっしゃって下さい。

7. 仕事上の悩みを相談する同僚や上司が職場にいますか？
いる ・ いない ・ 一人現場だからいない
いないとお答えした方、お構いない範囲で理由をご記入下さい。

8. 仕事上の悩みを気兼ねなく本社に相談する事はできますか？
できる ・ できない
できないとお

9. 仕事以外の個人的
（実際にご相談された
してもいい
しないかもとお

10. 一年間を振り返っ

11. 一年間を振り返っ

12. 一年間を振り返っ

ご協力ありがとうござい

夢アンケート

コラム

どんどん社員さんを引き抜いてください

かつて、ある現場の掃除をしていた当社の社員さんが、こっそりその現場の組織に引き抜かれたことがありました。その社員さんは、「母の具合が悪いので」とウソをついて辞めました。

しかし、ひと月くらいするとその現場の職員として働いていたのです。私が声をかけても無視されました。これはショックでした。なぜ、「がんばっていたらお客さまから認められて引き抜かれました」と堂々と言ってもらえなかったのか。私がウソをつかせてしまったのだと思いました。

ですから、私は営業でお客さまを回った際、「いい社員さんがいたらどんどん引き抜いてください、当社は、引き抜かれるくらい立派な社員さんを採用していますので」などと、あえて公に言うようにしていました。たぶん、これまでに50人くらいは引き抜かれていると思います。

(2) 社員さんの旅立ちを応援する

お掃除という仕事が好きで、コツコツ時間を忘れて仕事をする社員さんもたくさんいますが、夢を見つけて、次のステージに挑戦したくなった人には「応援するから自分のために仕事をしてね」と言ってあげていました。ずっと、お掃除一筋で仕事をしてくれれば会社としてはありがたいのですが、仕方なく掃除の仕事をする人もいますので、本当にやりたいことが見つかったのなら、旅立ちを応援するようにしていました。

ですから、採用の面接では「いつ辞めてもいいよ、会社は足を引っ張らないよ」と説明していましたし、入社後の新人研修でも、会社を辞める話をしました。こうした考えになれたのは、福島正伸先生から「夢」を大切にする経営の仕方を学んだからだと思います。

現実に、社員さんはお客さまから引き抜かれたり、次にやりたいことができたりして辞めていくことがあります。その際、理由を隠したり、ウソをついたりして辞める人がいますが、ウソをついて辞める必要などありません。お客さまから引き抜かれるということは立派なことです。堂々と言って、みんなから祝福され「次の職場でもがんばれよ、もし嫌だったら戻っておいでよ」と送り出す方が自然だし、気持ちいいですよね。

お客さまにも、「うちの社員を引き抜いてください、引き抜き放題ですよ」と言っていました。これは、定着率という観点でいうと会社にとってデメリットですが、社員さんにとってはメリットです。これはよくきれい事とか、変っていると言われるのですが、会社にとって、社員さんが喜んでくれるのがいちばんではないでしょうか。

(3) 夢実現コース

新卒者のなかには、本当は歌手になりたい、イラストレーターになりたい、大学へ行きたいなどの夢があっても、家庭の事情などいろいろなことで夢を諦めている人がいます。

それだったら、当社でお金を稼ぎながら次のステージへ挑戦すればいいと思い、新卒者向けに、辞めることを前提にして入社する「夢実現コース」というものをつくりました。夢実現コースで採用する人たちには、「当社は、お金がもらえる専門学校（夢実現専門学校）だよ」と話していました。

夢のある若者に、当社で働いてよかったと思ってもらえたらありがたいし、次のステージまでの何年間か仕事をがんばってくれたら、当社も大満足です。夢に向かっていきいきと働いている人が仲間になると、私たちも元気をもらえます。

先般、採用した大学卒の人は、上場企業や公務員に採用されるくらい優秀ですが、よさこい祭りが好きで、よさこいメインで働きたいということで、当社で大活躍してくれています。

夢実現コースの人には、夢を諦めないでもらいたいとの思いから、月に1回、「社長夢塾」を催していました。弁当付きで残業代も支給していました。「社長夢塾」では、どうしたら夢に向かって一歩踏み出せるのかを、塾生みんなで支援し合っていました。

過去、夢を持って当社で働いていた人は、実際に、公務員、大学進学、歌手、地元テレビのコメンテーター、イラストレーター、牧場経営と、多方面に巣立っていきました。

(4) 輝く社員さんの姿

いずれ退職することを前提にした人を採用すると、仕事の自己研鑽に力が入らなかったり、周囲の人への悪い影響が出てチームワークを乱したりするのではないかと思われるかもしれませんが、そんなことはまったくありません。

その人は自分の夢のために働いていますから、自然といきいきします。気遣いがあるし、ちょっと何か言われても嫌な顔もしません。自分の幸せのために机を拭いたり、床を拭いたりしている姿は、お客さまからの評価も高く、周りの仲間たちも応援したくなります。仲間はずれにされることもありません。

当社が、お客さまからいちばん評価してもらっている点は、笑顔の応対、あいさつの良さ、感じの良さです。これらは研修すればよくなるというものではありません。社員さんが安心して笑顔で働けるようにサポートするのが、われわれ経営の仕事だと思っています。夢実現コースも、その一環だと思っていました。

3節　社員さんを安心させる仕組み

(1) 社員面談

社員さんに安心して働いてもらう仕組みの一つとして、社員面談があります。これは、何か問題を起こした人や様子がおかしい人などに対して、随時、個別に面談をして、背景にある問題を探して解決につなげる仕組みです。

当社では性善説に立って「何か理由があるはずだ」と考えますから、その理由を探るために面談をします。面談は、主にお客様係が行っています。難しい案件になるほど、対応するお客様係の職位は上がっていきます。

面談の時間は10分程度のこともあれば1時間以上になることもありますが、時間の長さにかかわらず丁寧に社員さんの話を聴きます。

「この人は、面談した方がいい」という情報は、お客様係や現場から上がってきます。この頃ではお客様係のみんなが成長してくれて、独自の判断で「この社員さんはちょっと最近様子がおかしいので、面談を実施しときました」という事後報告も多くなりました。それでも気づかないケースがありますので、お客様係みんなで「あの社員さんは面談したら」と声をかけ合います。

面談結果は、メールに書き込んで、原則、お客様係で共有します。「この社員さんとこのような面談を実施し、このような結果が出ました」ということを、お客様係共有のメールに飛ばすのです。メールを受信した人は、守秘義務を厳守するとともに、勝手には動かないようにしていました。メールに書きにくいことや込み入った内容は「ちょっと○時に集まってくださ い」とお客様係全員に声をかけ、口頭で伝えます。その方が早いからです。

面談を受けた人が「お客様係全員には知られたくない」「内緒にしてください」「社長と部長限りにしてください」などと要望した場合は、経営幹部だけにとどめます。信義則は守ります。

面談で一番大切なことは、面談相手に興味を持つことです。ですから面談では、いろいろなことを話題にします。例えば大切にしているもの、夢、趣味、好きなスポーツ、好きな言葉、好きな本、好きな歌手、尊敬する経営者、家族の大切にしている日、家族の悩み、など、多岐に及びます。

もちろん、すべて話すわけではありません。社員さんの悩みや不安、会社として支援できることなどを話してもらうための「呼び水」として、話題を選びます。人によって、何が呼び水になるのかわからないため、話題はたくさん用意しています。

いろいろ話を聞いていくと、いま抱えている悩み、不安などが出てきます。人にはいろいろな背景があるものです。

⑵ 心のメンテナンス

複数の社員さんがいる現場には、もめ事が尽きません。プライベートで一緒にご飯を食べに行くくらい仲が良い関係の人ほど反動も大きく、当事者同士では収まりがつかなくなります。

このような時は、お客様係の出番です。心のメンテナンスをします。個別に何時間もかけて社員さんのグチを聞いたり、場合によっては、面と向かってお互いに言い分を言わせたりすることもあります。これを「がちんこファイト」と呼んでいます。

もめ事の仲裁をしていてわかったのは、「悪人はいない」ということです。一見、性格が悪く現場をかき回しているだけに見えた社員さんも、傾聴力を高めて話を聴いてみると、家庭に問題があって、自分の感情を抑えられなくなり、ストレスを仕事の場で発散させてしまっていたということもあります。

もめ事にはいろいろなパターンがあり、こうすればうまく解決するという正解はありません。いったんもめ事が収まっても、半年に1回、煙が上がる現場もあります。そうした現場は、お客様係が半年に1回、話を聴きに行くようにしています。人はもめるもの、どうしたってうまくいかないものだと思っているからこそ、結果的に「うまくいく」のだと思います。

私たちは「ホウ・レン・ソウ」で、どの人が不安そうだとか、メンタルヘルスのケアが必要だといった情報をすべて共有しています。経営の仕事は、売上を上げることもさることながら、社員さんに気持ちよく仕事をしてもらえるようにすることだと思います。ですから、現社長の森下さんを筆頭に、お客様係はみんな気が長く、人柄が良いのです。

(3) メンタルヘルス・アンケート

法令により、常時雇用している従業員数が50人以上の事業場では、「ストレスチェック」「面接指導」の実施が義務づけられましたが、四国管財では10年ぐらい前からすでに行っていました。

「メンタルヘルス・アンケート」は、新人研修、警備研修、お掃除の方の研修、TS研修など、研修の度に配布しており、アンケート用紙にはメンタルヘルスに関する質問だけでなく、会社への不満、要望、困ったこと、個人的な悩みや相談事なども書けるように欄を設けていました。

つまり、ラッキーコールのツールとして

□ TS研修会　□ 警備研修会

月　日（　）　：　～　：

開催場所　講師

ふりがな	
氏名	
現場名	

個人情報についての話を理解・認識出来ましたか？
（出来た　・　出来なかった）

＊**感想**＊（「楽しかった・ためになった」以外の言葉でお願いします。）

★会社をより良くする目的で『つもろう』に掲載させて頂く場合があります。
その際の名前の記載について〇で囲んで下さい。
掲載ダメ　・　実名でOK　・　匿名希望　・　ペンネーム（　　）

社長	常務	部長	部長	課長	課長	係長	主任	主任	主任	主任	主任	研修担当	スマサポ

<メンタルヘルスへのアンケート>

1.前回のアンケート以降から今回のアンケートまでの間において、当社でご勤務をされているあなた自身か同僚のことについてお尋ねします。
①パワハラを受けた事がありますか？　ある　・　ない
②セクハラを受けた事がありますか？　ある　・　ない
③パワハラやセクハラを見た事がありますか？　ある　・　ない

セクハラやパワハラと感じた時は遠慮なく、相談しやすい管理職へご相談下さい。
秘密は厳守し、必ず対応しますのでご安心下さい。

2.仕事上の悩みを相談する同僚や上司がいますか？
いる　・　いない　・　本社に相談する（筒井ディレクターと福留課長も本社に含めます。）
いないとお答えした方、お構いない範囲で理由をご記入下さい。

3.会社に対するご意見などがありましたら、ご自由にお書き下さい。皆様の忌憚のないご意見を頂く事で、経営者として、現在は全くできていませんが、少しでも関わる人を幸せにする会社にしたいと思いますのでどうかよろしくお願い致します。必ず全て対応いたします。また、ご記入いただいた内容を「社内報」に掲載させて頂いても構わないでしょうか？
耳の痛いご意見も真摯に受け止め、出来る限り改善をしていきたいと思っております。こうしたらいいのでは？などのご意見もありましたらお書きください。

掲載ダメ　・　実名でOK　・　匿名希望　・ペンネーム（　　）

ご協力ありがとうございました。アンケートには書けないけれど、何かお悩みごとがありましたら、いつでも相談しやすい管理職にご相談ください。（プライベートのお悩みでも歓迎です）
なお、ご意見は一年中手紙（匿名も歓迎）、メール、LINE、Facebook、お電話、留守電、人伝えなど何でも構いませんのでいつでもおっしゃって下さい。
お客様係＆代表取締役　中澤 清一

メンタルヘルス・アンケート（法令で定められたストレスチェックではありません）

も使っているのです。

アンケート用紙の下部には、回覧印の欄があり、回覧する人が見ることを表しています。ですから、社員さんもその人たちに読まれたくないことは書きません。

社員さんから寄せられた意見や相談などについては、全部、私が返事を書いていました。私以外の人宛のものは、その人に返事を書いてもらいました。

アンケート用紙は、いわば患者さんのカルテです。例えば面談が必要な案件なら、しかるべき人が面談を行います。研修の材料にするものは、スマイルサポーターさんが研修内容に反映できるように加工等をします。承諾がもらえたものについては、社内報に掲出することもあります。このように、アンケート用紙は、すべての処置が終わるまで、カルテとして回っています。すべての処置が完了したらファイルに収められます。

⑷ 産業カウンセラー

ある日、新卒の社員さんが、先輩でキャリアカウンセラーの資格を持つ社員さんに、実家への仕送りについて話をしていました。その場に居合わせた私が「いくら送っているの？」と尋ねると、新卒の社員さんは「2万円です」と答えました。私は「親孝行でえらいですね！」と褒めました。しかし、先輩の社員さんはあきれた顔で、「社長は、人の気持ちが本当にわからないのですね」と言ったのです。

実はこの時、新卒の社員さんは2万円の仕送りが大変で、どうしたものか相談していたのです。私は、自分の価値観だけで人を見ていたことに気づきました。これではいけないと猛省しました。このように未熟な私が社員さんの不安や悩みと向き合ったら、相手の話を聞いて癒やすどころか、逆に無神経な発言をして、さらに傷つけかねません。それは人災です。

とはいえ、高い「傾聴力」は、専門的な知識とスキルが必要となるため、独学で身につけるのは困難です。そこで、産業カウンセラーの資格取得セミナー（延べ23日間の週末にセミナー）に参加することにしました。

セミナーの参加者は30人ほどで、毎回グループワークの時間がありました。「はい、今から1時間グループワークをしましょう」と指示が出ると、お互いが相手の悩みに耳を傾け始めます。すると、嫁しゅうとめ問題、職場の悩み、ご主人の問題、将来の不安などが出るわ出るわ。「これは難しいぞ」と感じました。

しかし、受講を重ねて、聴く力が高まってくると、話している本人すら気付いていないような潜在的な問題も聴き出せるようになってきました。参加者の中には号泣する人もいました。私はグループワークを通じて、「人は話を聴いてもらうだけで、こんなにも泣き、これほどまでに落ち着くのか」ということを体感できました。これは、大きな学びでした。社員さんに寄り添って、相手の話を聴いてあげるだけでも大きな安心感につながることがわかったのです。「これは素晴らしい」と思い、お客様係の希望者にもセミナーを受講してもらうことにしました。話をしっかり聴ける態勢をつくっていきたかったからです。現場のリーダーの2名は自発的に挑戦してくれて、見事に産業カウンセラーの資格を取りました。合格した2名は、200人ほどが常駐する医療部門の現場リーダーです。1人は退職しましたが、1人は今も現場リーダーとして高い傾聴力を使ってみんなをケアしてくれています。

私はもともと静かに相手の話を聞くのが苦手で、相談されると、すぐにアドバイスしたくなるおせっかい気質です。しかし、産業カウンセラーはアドバイス禁止です。それもあってか、私は不合格でした。

会社の選択肢としては、自前で産業カウンセラーを養成せず、外部のカウンセラーに委託する方法もありました。しかし、私は自前にこだわりました。カウンセラーの「傾聴」スキルがいくら高くても、弊社の業態や、社員さんそれぞれの人柄まで知った上でなければ、本当に相手の悩みを聞くことはできないと考えたからです。

それに、ホウ・レン・ソウをとことん追求して、「いい会社」にしたいと本気で考えている以上、人任せにせず、旗振り役の経営幹部が率先垂範して「傾聴力」を高めようとしないのはおかしいと考えたのです。

セミナーで特に勉強になったのは、傾聴の姿勢と技法を実地で学ぶ演習の授業でした。カウンセラー役と相談する役を相互に繰り返し体験することで、受容と共感が自ずと身につきます。

相談者役のときは、受講者自身が実際に悩んでいることや秘めた心の闇まで自己開示することが求められます。驚くほど長い間、心の傷を引きずっている人がけっこういました。

受講者仲間の内面に触れた時、私は罪悪感を覚えずにはいられませんでした。私も、きっと無意識のうちに部下を傷つけ、長く苦しめてきたに違いないと思ったからです。肩書きのある人間の心ない言葉は致命傷になります。言われた方はいつまでも忘れません。

私は、資格を取得できませんでしたが、会社として傾聴力を高める取り組みを推進した結果、目に見える変化が出ました。それは退職率の低下です。この取組みによってひとりで悶々と苦しんで、ストレスをためこむ人が減ったとしたら、うれしい限りです。

もう一つの変化は、われわれ経営者側の社員さんに対する見方が変わったことです。「〇〇さんは文句ばかり言うなぁ」ではなく、「〇〇さん、何かあったのだろうか」と考えられるようになったのです。社員さんの中には、悩みがあっても、誰にどう相談したらいいのかわからない人も多くいます。特に一人現場はそうなりがちです。

ですから、本社の社員さんは、現場の社員さんから電話がかかってくると、用件だけ聞いて電話を切るようなことはしません。たとえ仕事の話がなくても、何か現場で困っていることはないか、家族や周りの人たちのことで困っていないか、しつこいくらい声をかけて「聴く」ようにしていました。

サービス業である以上、社員さん一人ひとりが商品の〝品質〟そのものだと思っています。

品質を高めるためには、社員さんが安心して、輝ける環境が必要です。しっかり社員さんの話を聴ける体制が整ってきたことは、当社の大きな強みだと思います。

なお、これは余談ですが、当時、経営者自身が産業カウンセラーのセミナーに参加するのは珍しかったようで、それから2年間、日本中の産業カウンセラーのパンフレットには、私の写真入りで、「みんなも頑張って受けましょう」という私のコメントが載っていました。当の本人は試験に落ちたのですから、いまとなっては笑い話です。

⑸ 心の相談室

「心の相談室」は、社員さんのメンタルケアのための相談窓口です。社員さんは、どんなことでも相談できます。安心して働いてもらうために設けました。

最初、社内に、別回線で専門の電話を1本引きました。その電話を取れるのはうちの衛生管理者の資格を持つ、経理兼総務課長の女性一人だけでした。相談時間は会社の営業時間内です。電話がかかってくると、仕事は全部止まりましたので大変そうでした。

しかし、「心の相談室」の利用は、1年間に10件もありませんでした。というのは、「心の相談室」と同じような役割をスマイルサポーターさんが担っていたからです。スマイルサポーターさんには、日常的に、社員さんから悩みや不安や相談事が寄せられていました。

それでも、新しく入社した人のなかには、スマイルサポーターさんに何でも話せることがわかっていない人もいるかもしれませんし、スマイルサポーターさん以外の人に話したい人もいるかもしれません。そこで、メンタルケア専門の相談窓口を設けることにしたのです。

しかし、運用していくうちに、みんなが聞いている環境で、センシティブな相談に乗ることは、守秘義務の観点から問題があるのではないかと考えるようになりました。そこで、信頼できる社外のカウンセラーに「心の相談室」を委託することにしました。外部の相談室では、心理カウンセラーが、本人が相談しなくなるまで寄り添い続けます。

当社では、このほかに「24時間年中無休の電話健康相談サービス」にも加入しています。社内報では、「心の相談室」の案内だけでなく、「いのちの電話」「心のテレ相談」「女性の人権ホットライン」「こうち男女共同参画センター「ソーレ」」「児童相談所」「こころの耳」「チャイルドラインこうち」といった専門機関の案内もしています。

⑹ たんぽぽ教育研究所

私は、青年会議所の活動を通して、県の教育長だった大﨑博澄さんと出会いました。大﨑さんは、教育長の忙しい立場にもかかわらず、一件一件の相談メールにも対応していました。本当に人に寄り添う方で、私は大﨑さんを尊敬しています。

大﨑さんが役職を終えて辞める時、「将来、心の相談室みたいなものをボランティアで立ち上げたいので、余った机や椅子があったらいただけませんか」という相談がありました。

ちょうど、空いているフロアがありましたので、「ぜひ当社を使ってください」とお願いしました。こうして、会社のワンフロアを「たんぽぽ教育研究所」に無償貸与して、運営支援することにしたのです。

なぜ、「たんぽぽ教育研究所」を社屋に誘致し、運営に協力したのかというと、私自身、前々から、子どもの問題を相談できる窓口があったほうがいいと思っていたからです。

私は県の教育委員をやっており、そこで、障がい者問題や教育問題に取り組んでいました。その活動を通じて提言したことがあります。それは、保護者、生徒、学校の三者がネットで相談できる仕組みの創設です。しかし、二つの理由で却下されました。一つは、前例がないということ。もう一つは、リスクがあるということでした。

大﨑さんは教育長時代、やりたかった教育行政がすべてできたわけではありませんでした。大﨑さんは、本当に人に寄り添うことをするのが夢だったのです。

その大﨑さんの夢は、当社にも関係していました。会社のクレームを深掘りしていくと、社員さんの悩みに関係していることがわかったからです。しかも、その悩みのなかには、子育て問題が多くありました。お母さん自身が育児で悩んでいたり、子どもがいじめられて悩んでいたりしたのです。つまり、社員さんの悩みと、大﨑さんがやろうとしていることがつながったのです。そこで、大﨑さんを支援することを通して、社員さんを支援しようと考えました。社員さんにとって、たんぽぽ教育研究所は、会社の福利厚生施設のような形になるわけです。そこで行われる相談は、パワハラを受けたといった当事者としての相談のほか、「自分の娘がいじめられているらしい」「学校の先生がきちんと対処してくれない」といった保護者としての相談もありました。

しかし、当然、うちの社員さんだけで独占するつもりはありませんでした。大﨑さんは、高知県内すべての困った人を何とかしてあげたいというのが願いですから、高知県民のみなさんにも喜んでもらいたいと考えました。

「たんぽぽ教育研究所」という名称は、教育界のいろいろな人をサポートしようという思いがあって大﨑さんが名付けました。大﨑さんは、子どもや生きづらい方の支援を目的に開設しましたが、いざ開設したところ、いろいろな方が相談に来ていました。大﨑さんは、来る人を拒みませんから、どんな悩みでも受けていました。相談に来た方の中には、当社で働くことになった方もいました。大﨑さんが、「いい会社を知っていますよ。紹介しましょうか」と言って、当社を紹介してくれるのです。本人が自発的に「当社で働きたい」と言ってきてくれた相談者の方もいました。「たんぽぽ教育研究所」に来る際、当社の社内を通りますので、「この会社なら働けるかもしれない」と思ってくれたのです。

「たんぽぽ教育研究所」の相談は無料です。運営費は大﨑さんの持ち出しとなります。するとどういうことが起こったのかというと、老若男女いろいろな方が、ネギを持ってきたり、ミカンを持ってきたりしてくれたのです。植木の鉢を持ってきた方もいれば、銀杏を拾って持って来る方もいました。人の思いやりがこの場所に集中していて、パワースポットのようでした。いつも特別な空気が流れていたように思います。

当社としても、なんとか理由をつけ、大﨑さんに仕事を依頼する形にして、少しだけお給料をお支払いしたり、FAX代、電話代、光熱費などの維持費を負担したり、机、テーブル、パソコンなどを用意したりしました。それなりに費用はかかりましたが、社内で反対する人はひとりもいませんでした。会社の売り上げには結びつきませんが、みんなに「これは絶対いいことですよね」と言ってもらえました。思いを共有できたのは、すごく幸せでした。ですから、立ち上げの講演会のとき、社員さんにお礼を言いました。当社の経営幹部や社員さんを、本当に誇りに思いました。

たんぽぽ教育研究所（当時）と大﨑さん

やがて、「たんぽぽ教育研究所」は、当社の人員が増えて、社屋が手狭になったため、会社の前の通りを挟んだマンションに1部屋借りて、そこへ移動してもらいました。大﨑さんも「これからもどんどんやりますよ」と準備したのですが、移転して半年ぐらいした頃に、娘さんに寄り添うことを優先され、8年間の幕を閉じました。今は、ご自分のマンションで週に1回、月曜日だけ、みんなの相談に乗っています。相変わらず満員御礼のようです。

私は、大﨑さんが話してくれた言葉が忘れられません。「解決しないこともあるかもしれないけれど、聴きまくりますよ」。聴くだけなら誰にも負けない、とおっしゃっていました。

(7) いじめへの取組み

いじめ問題への取組みも、社員さんの不安を取り除くことにつながっています。

かつて、いじめは、「仕事ができる」といわれている社員さんが起こすことが多くありました。職人気質も原因だったのでしょう。本人たちには、いじめている意識はなく、厳しく指導しているつもりでした。

いじめをするような社員さんは、仕事ができるため、お客さまの評判も上々です。注意したり、アドバイスしたり、新しい清掃技術をお願いしたりすると、「それなら辞めます」と言われました。人手不足の会社ですから、社員さんにとって「辞めます」という言葉は伝家の宝刀だったのです。われわれは、ベテラン社員さんたちに辞められると困るため、すべて見て見ぬふりをして、犠牲者が退職していくのを見送っていました。

しかしある時から「このままではダメだ」と腹をくくり、「いじめないでください」と何度も注意するようになりました。もし「辞めます」と言われたら、「辞めてもいいですよ、いつまでですか?」と言うようにしました。いくら言っても変わってくれない人に四国管財に残ってもらうのは無理だと思い、「辞めたい人は辞めてもらっていい」と覚悟を決め、どんどん、辞めてもらいました。

いまでは、採用が究極の問題解決手段であることに気づき、採用にあたって、経営理念に合った人、いじめをしない人を採用するようにしています。採用する人には「承諾書」への署名を求め、「セクハラ・パワハラ、その他『ハラ』が付くものや陰口・いじめ・噂話・暴言・暴行・脅迫などをしません」と約束してもらっています。

その結果、いじめは少なくなりました。もし起こった場合は、両者を呼んで、両方の意見を丁寧に聴くようにしています。どちらにも言い分があり、自分にとって都合のいいことしかわれわれに言わないからです。

しかし、最終的に、会社は「自己責任」で考えますので、落としどころとして「悪いのは会社」ということになります。いじめてしまう原因をつくっているのは会社です。嫌な思いをさせる原因をつくっているのも会社です。実際にそうなので、両者を呼んで話し合わせても、責め合いにはなりにくくなります。

いじめに取り組んでいくなかで、一つわかったことがありました。いじめている人は、家庭環境が複雑な人が多いということです。私は県の教育委員会で仕事をしたことがありますが、子どもを虐待している親は、自分も親から虐待されていたケースが多くありましたが、職場のいじめも同じ構図でした。

私生活を含め、社員さんの悩み・不安・不満をホウ・レン・ソウで吸い上げることが、いじめを防ぐことにもなることを改めて感じました。

⑻ 自社内託児所「わんぱくハウス」

35年前、「究極の社員満足」で考えたのが、業界では全国初となる無料の自社託児所でした。当時の社員さんは年配の方が多く、40歳でもかなりの若手といってもいいくらいでした。20代は、私以外、ほとんど社内にいませんでした。

当社は慢性的な人手不足です。私は「子どもを預かる場所をつくれば、働きたいという若い人が来てくれるのではないか」と考え、無料の託児所「わんぱくハウス」をつくったのです。当時、ベビーホテルが流行っていましたから、ベビーホテルと提携してしまえば話は簡単でした。しかし、自分の大切な子どもを預けて、安心して働いてもらうためには、自社で託児所をつくる方がいいと考えました。コストよりも、安心と安全を第一に考えたのです。こうして、自社運営の託児所を設けました。

当時、病院の掃除は人気がありませんでしたが、「わんぱくハウス」をつくったことが評判を呼び、お子さんを預けて病院の現場で働く人が増えました。この頃に入ってくださった社員さんは、あちらこちらの現場でリーダーを務めてくださいました。

⑼ 障がい者雇用

当社は、障がいのある人の雇用を推し進めています。かつて、当社は障がい者を雇用しても、一切、助成金をもらいませんでした。助成金目当てではなかったからです。それでは、何のために障がい者を雇用したのかというと、第一に、その人が働いてくれたら、それが純粋にうれしいからです。第二に、障がい者雇用の経験が積めるからです。会社として障がい者雇用の経験を積めれば、社員さんから「実は娘に障がいがあるんです」と相談されたときに、「大丈夫、大丈夫、うちへおいで」と言ってあげられます。

実は、障がいのある人は、身近にたくさんいると思います。みんな言わないだけです。当社では、社員さんが障がいのある子を産んだとしても、「大丈夫だよ、将来うちで働けるから」と言ってあげられます。そのために、当社は障がい者雇用をしているのです。

おわりに

父親の会社を母が、そして私が引き継ぎここまできました。一貫した方針は、人を大切にする、人を尊ぶ経営です。

私は、ずっと「いい会社」を模索してきましたが、「いい会社」とは、社員さんが安心して働ける会社という結論に達しました。それを具現化する仕組みが、「ホウ・レン・ソウ」です。

ここ数年、マイホームを購入する社員さんが急に増えてきました。住宅ローンは最長35年まであります。当社は無借金経営で、いまは経営状態も良好です。今後10年は安泰でしょう。20年もなんとかなるかもしれません。しかし、35年後も大丈夫かというと、その自信はありませんでした。35年後、私は94歳になります。私には、社員さんの安心を将来にわたって守る義務があります。

私の父は、私が中学二年生の時に急逝しました。その時は会社を母が引き継ぎましたが、とても大変そうでした。人はいつどうなるかわかりません。社長に万が一のことがあっても大丈夫な組織にしたいという思いがずっとありました。大病や高齢になってからでは冷静な判断もできません。健康な今のうちに、会社が未来に存続できるようにしておきたいという思いが日増しに強くなっていきました。

いろいろな選択肢がありましたが、私は、ご縁があって東京美装興業さんの傘下に入る道を選びました。東京美装興業の先代、八木祐四郎さんは、ビルメンテナンス業界をつくったといってもいい方です。八木祐四郎さんは、ビルメンテナンスマンの育成に力を入れた方で、ビルメン経営塾を開講し、塾長も務めておられました。私はその第一期生として直に教えていただいたご縁があります。さらに、現社長の八木秀記さんとも青年会議所のビルメン部会でご一緒しています。

八木祐四郎さんは、スポーツの振興に多大な貢献をされた方で、全日本学生スキー連盟理事長、長野・シドニーオリンピック日本選手団団長、日本オリンピック委員会会長などスポーツ界の功労者です。藍綬褒章を二度受章されたほどの人物です。

東京美装興業さんは、八木祐四郎さんが日大のスキー部の監督を長く務めていたこともあり、選手たちが生活していけるようにと、つくった会社だと聞いています。

東京美装興業さんの社是は「ファミリー精神」「低く座し、高く考える」、経営理念は「建物・人・生活に　やすらぎと豊かさを生み出す」です。現社長の八木秀記さんには、「四国管財さんとは理念が通じるものがある」と共感していただきました。

東京美装興業さんの条件は、「いまの四国管財のままでいてほしい」というありがたいものでした。「あのノリは、マネしてできるものではない。グループへよい影響を与えてほしい」とおっしゃいました。

東京美装興業さんは、ちょうど四国に拠点がありませんでした。それもあって、今回のご縁が結ばれました。

グループの傘下に入って1年が経ちましたが、リストラも親会社主導の大改革もありません。四国管財らしさを尊重してくださっているからです。大きく変わったことは、安心感です。このコロナ禍においても適切な指示がきます。いま振り返ると、一人で経営していたら大変だったろうと思います。ギリギリでベストなタイミングだったと思います。

会社の最前線からは身を引きましたが、これからは東京美装興業さんのノウハウを生かしてＰＰＰ（Public Private Partnership）などの事業開発を推し進め、私なりに四国管財の発展に寄与していきたいと考えています。

また、私には新しい夢があります。それは「ドリームサポーター」として全国の会社と働く社員さんたちを応援していくことです。

社員さんがいきいきと働いてくれれば、お客さまも感動し、満足してくださいます。それは会社の業績にも跳ね返ってきます。ひいては、みんなが幸せになります。では、社員さんがいきいきと働くための前提は何かというと、それは「安心」です。安心できれば、やる気やチャレンジ精神も湧いてきます。

私は、これまで、社員さんに安心して働いてもらうための仕組みをつくってきました。今後は、広く、いろいろな会社のお手伝いをして、みんなが安心して働ける仕組みづくりをしていきたいと考えています。また、日本中の働く人が、気軽に相談できる体制もつくっていきます。それが「ドリームサポーター」です。

ドリームサポーターには使命があります。それは、私が培ってきた「笑顔と挨拶と報連相」の仕組みを広めて、日本中の社員さん、お客さま、会社、地域など、かかわるすべての人に感動と幸福を提供することです。みんなを幸せにする「夢の応援団」それが「ドリームサポーター」です。

「一番大切な事は、一番大切な事を、一番大切にする事」。「一番大切な事」、それは会社で働いてくれる社員さんたちの幸せです。

みんなの笑顔が「こじゃんとうれしい」。夢は諦めない限り必ず実現します。

最後に、今回、本を書くご縁を結んでくださったＡｉエクセレントの高野文子さんに心から御礼申し上げます。

そして、天国で見守ってくれている父、いままで私を支えてくれた母と姉の家族、障がいのある母を自分の親のように面倒見てくれている妻とその両親、いつもがんばっている愛娘に、心からの感謝と幸せを祈ります。

中澤清一

感謝状

四国管財株式会社の皆さま

平成九年より令和元年五月三十一日までの二十二年間、日本一未熟な社長を支えていただき本当にありがとうございました。私が社長に就任してからは、まさに東奔西走の日々でした。いい会社にする決意を持って、これはと思う施策を実践してきましたが、あまりの朝令暮改に、周りの人はさぞや混乱されたことでしょう。

いい会社とは、社員さんが安心して働ける会社です。

しかし、言うは易く行うは難し。思いとは裏腹に、言わずもがななひと言で、たくさんの人を傷つけてしまいました。

心よりおわび申し上げます。

社長としての最後の仕事は、将来にわたっての安心を皆さんにプレゼントすることです。

幸い、日本一のビル総合管理会社「東京美装興業株式会社」さんのグループに加えていただけることになりました。

社長を引き継いでくれた森下さん、そしてお客様係の皆さん、今日まで未熟な私を支えてくださったことを感謝申し上げます。

東京美装グループ様の益々のご発展と四国管財株式会社にかかわるすべての人々の幸せを祈念いたします。

本当にありがとうございました。

令和三年七月吉日

四国管財株式会社

お客様係＆取締役会長　中澤清一

著者略歴

中澤清一（なかざわ　せいいち）

1962年高知市生まれ。71年（小学三年生）、父親が現在の四国管財を買収したのを機に、父親の会社を継いで社長になることを決意。76年（中学二年生）、父が急逝。会社は障がいのある母が社長に就任するが、一日も早く自分が跡を継ぎ、母を楽にさせることを決意。80年（高校三年生）からアルバイトとして四国管財で働き始める。85年、大学卒業とともに四国管財に入社。しかし、当時の会社は、社員さんが人に胸を張って社名を言えないような会社だった。「いい会社」にすると決意し改革に乗り出す。97年、社長に就任。「クレームは宝の山」宣言をし、クレーム対応と報告・連絡・相談で、かかわる人が幸せになる経営に奔走していく。2019年、社員さんの将来の「安心」のために、業界最大手の東京美装興業株式会社と資本業務提携。2020年、東京美装グループの傘下に入る。現在、取締役会長。夢は、本気のクレーム対応と魔法のホウ・レン・ソウで、日本中の働く人を幸せにすること。現在、「ドリームサポーター」として活動中。2012年ドリームプランプレゼンテーション世界大会にて「共感大賞」受賞。

［ホームページ］
https://chieko-kiyomaro.com/

［共感大賞動画］
https://www.youtube.com/watch?v=7wgUukaVX2A

かかわる人を幸せにするお掃除会社
本気のクレーム対応と魔法のホウ・レン・ソウ

第 1 刷発行　2021 年 8 月 18 日
第 2 刷発行　2021 年 9 月 16 日

著　者　中澤清一
発行者　加藤一浩
印刷所　シナノ印刷株式会社
デザイン　松田行正＋杉本聖士
発行・販売　株式会社きんざい
〒 160-8520　東京都新宿区南元町 19
編集部　tel 03-3355-1770　fax 03-3357-7416
販売受付　tel 03-3358-2891 fax 03-3358-0037
URL /https://www.kinzai.jp/

ISBN978-4-322-13953-2